Frédéric Ploton

Sex Coach

• MARABOUT •

SOMMAIRE

INTRODUCTION

Objectif : comment retrouver une harmonie sexuelle durable dans mon couple ?

La sexualité a ceci de particulier : c'est sans doute le seul domaine de notre vie quotidienne où l'expérience est autant un atout qu'un handicap. Tout ce que vous savez déjà sur le sujet ou ce que vous avez pu expérimenter vous-même, mais aussi les récits de vos proches, les rumeurs, les fantasmes, les articles de presse et même les livres qui y sont consacrés, tout cela fait parfois écran entre le plaisir et vous, aussi bien que cela peut vous y conduire. Hélas, lorsque votre couple a plus de quelques mois au compteur, c'est le premier cas qui est le plus fréquent… On a tous expérimenté en effet l'excitation qu'il peut y avoir à découvrir l'autre dans les premiers temps d'une relation ou à faire l'amour avec une personne que l'on connaît peu. Mais combien de temps dure cette ivresse ? Trois mois ? Six mois ? Une année ou deux ? Peu importe la durée, laissons ce genre de spéculations aux romanciers et aux médecins[1]. Ce qui est certain, c'est qu'il y a inévitablement, un jour ou l'autre, une érosion du désir que les deux partenaires éprouvent l'un pour l'autre. Indépendamment des sentiments qui les lient. C'est NORMAL!

En identifier les causes reviendrait à résumer tout ce qui fonde une relation à deux, mais aussi et surtout tout ce qui « l'encombre », ce qui en fait un espace soumis aux contraintes, au stress, à la routine...

BONNE VOLONTÉ PARTAGÉE

Si pour une raison ou une autre vous avez pris ce livre en main, c'est que votre sexualité actuelle ne vous satisfait pas. Non, vraiment, vous êtes sûr? Il n'y a aucune honte à cela. Qui peut prétendre vivre un nirvana sensuel permanent? Qui peut prétendre ressentir ou donner des orgasmes fantastiques à tous les coups? Qui saura admettre enfin qu'il est justement une « victime » de ce culte moderne de la jouissance, et qu'il ne

[1] Selon une étude de l'Inserm menée par Nathalie Bajos et Alfred Spira, les couples de moins de deux ans font en moyenne l'amour treize fois par mois, soit près de trois fois par semaine.

parvient pas à se satisfaire d'une sexualité pourtant très bien sous tous rapports ? Dans tous les cas, vous souhaitez manifestement remédier aux problèmes soulevés par ces questions. Le préalable indispensable à cette démarche que vous entreprenez maintenant, c'est votre envie. J'ai bien dit VOTRE envie, à tous les deux. Si l'un des deux rechigne, se bloque, se braque, ou estime tout simplement qu'il n'y a rien à redire à votre sexualité, vous n'irez pas très loin. Il y a alors des sources plus profondes que l'usure naturelle du couple. Dans ce cas, un travail thérapeutique individuel ou commun devra peut-être être entrepris.

PRÊT À TOUT ?

En imaginant que vous soyez tous deux motivés, il va falloir aussi accepter d'emprunter des sentiers que vous n'avez jamais osé fouler. Ah bon ? Mais que va-t-on me faire faire ? Rien dont n'ayez vous-même envie, rassurez-vous. Le chemin escarpé que je vais vous faire prendre s'appelle tout simplement dialogue. On dit souvent que la réussite d'une sexualité se joue en priorité dans la tête, je prétends pour ma part qu'elle naît au bout de la langue ! Vous n'étiez pas habitué à parler librement de votre sexualité avec votre partenaire habituel ? Il va falloir vous y mettre, et parler vraiment de tout. Admettre les pannes ou les simulations, définir les attentes et les besoins, imaginer les scénarios, décrire les sensations... Votre sexualité va devenir non seulement un terrain de jeu mais aussi votre sujet de conversation favori. Un sujet riche et inépuisable. Et vous allez constater avec plaisir que, contrairement à l'adage populaire, ce ne sont pas toujours ceux qui en parlent le plus qui en font le moins !

Les livres se lisent seuls ? Pas celui-là ! Il est conçu pour être lu, compris et appliqué à deux. Si vous avez encore un doute, en lisant ces lignes, sur la motivation de votre tendre moitié, faites-lui lire cette introduction. S'il accepte de lire la suite avec vous, une première étape est franchie. À vous d'écrire la suite, à deux !

J'Y VAIS, J'Y VAIS PAS

Si la parole se libère, ce ne sera pas que pour projeter sur l'autre ces fantasmes que vous avez toujours tus. Ce sera aussi, le cas échéant, pour dire ce qui vous déplaît, ce que vous n'accepterez pas de faire, poser vos limites. La sodomie ? Non merci ! Dites-le. Les pratiques à plusieurs ? Très peu pour vous. Dites-le encore ! Ce n'est qu'en établissant progressivement le périmètre commun de ce que vous voulez et aimez TOUS LES DEUX, que vous parviendrez à l'investir pleinement, à en explorer ensemble les recoins les plus secrets et les plus stimulants.

D'OÙ PARTONS-NOUS ?

Ce périmètre, il va falloir en établir les dimensions actuelles. Quelle est au juste votre sexualité aujourd'hui ? En clair, avant de définir votre lieu d'arrivée, il va falloir situer sur la carte de votre couple son point de départ. Un point qui a pu bouger, car une fois encore la sexualité est une énergie vitale, donc mobile, fragile, insaisissable, et bien malin qui saura la capturer et l'épingler comme un papillon dans un cadre. Vous vous êtes connus brûlants, vous avez vécus aimants, et vous voilà désormais dérivant… Cela n'a rien d'irrémédiable. Je vous invite donc, dans un premier temps (la phase Audit de notre méthode exclusive *Sex Coach*), à faire un point complet sur l'état de votre vie sexuelle à deux.

SALLE DE LECTURE

Si le lieu où vous lisez ces pages et le temps le permettent, je ne saurais que trop vous conseiller de vous installer tous les deux dans une configuration favorable. En tenue légère, sous-vêtements ou vêtements amples d'intérieur, voire nus, assis sur un lit ou un divan, l'un contre l'autre. Vous devez dans tous les cas être en mesure d'exposer toute partie de votre corps, y compris votre sexe, à votre partenaire, de manière rapide et naturelle. Il est important que vous puissiez vous redécouvrir au sens propre du terme, tout à loisir, sans avoir pour une fois aucun impératif de jouissance en tête. Vous n'êtes pas là en priorité ce soir pour faire l'amour, mais pour parler sexe.

Ça y est, vous êtes bien installés ? Un peu émoustillés à l'idée de cette exploration inédite ? Au passage, évitez pour cette première séance de sortir tout un attirail superflu : lingerie fine, *sex toys*, livre de positions etc. Juste une petite huile parfumée si vous souhaitez conclure par un massage sensuel et apaisant.

MON AUDIT

DÉFINISSEZ VOTRE « SEX ATTITUDE »

Qu'est-ce que la « Sex Attitude » ? C'est le point auquel est parvenue aujourd'hui la sexualité de votre couple. Pour vous aider à dépasser ce point, nous avons besoin de le fixer, en recueillant vos témoignages respectifs, puis à vous deux réunis, sur vos expériences sexuelles. Ce sera peut-être pour vous une grande première, une occasion unique d'aborder des sujets qui vous semblent tabous, ou tout simplement sans objet. Ne vous arrêtez pas à ces a priori. Si vous êtes animé de cette « bonne volonté » définie précédemment, vous devez accepter de tout dire, mais aussi de tout entendre, même si ce qui est dit ne correspond pas à votre morale ou à votre conception de la vie.

La sexualité est un territoire ouvert où tout n'est certes pas souhaitable dans les faits mais où tout peut être imaginé.

Ne prenez donc pas pour argent comptant telle manie ou tel fantasme que vous découvrez soudain chez l'autre. Ce n'est pas parce qu'un mot est énoncé qu'il engage définitivement celui qui le prononce. On peut dire « amour à trois » parce que la perspective nous effleure un instant, ou nous excite, sans être pour autant obsédé par la chose. Essayez de ne pas « dramatiser » ces échanges. Prenez-les au contraire comme un jeu libre, comme ces ateliers de communication d'entreprise où chacun interprète un rôle.

Si vous sentez que votre partenaire « coince », ou que vous-même vous retenez votre parole, n'hésitez pas à suspendre la séance pour la reprendre une autre fois, quand vous vous sentirez mieux disposé. Cela sera toujours préférable à des réponses incomplètes ou trop peu sincères. Enfin, si verbaliser les choses est pour vous délicat, exprimez-vous par écrit, en échangeant vos impressions sur de petits papiers de couleurs (jaunes pour les questions, verts pour les affirmations, roses pour les fantasmes ou confidences plus intimes).

POUR MADAME/MADEMOISELLE

Votre désir

1 Quelle attitude chez votre homme peut éveiller le plus sûrement votre désir ?

- ✻ Il vous dit qu'il a envie de vous tout en vous caressant la nuque ou le visage
- ● Il vous caresse les seins ou les fesses de manière appuyée
- ■ Il vous dit simplement que vous êtes belle
- ◆ Il vous masse délicatement la nuque et le haut du dos

2 La dernière fois que vous avez fait l'amour

- ✻ Vous n'en aviez qu'assez peu envie
- ● Vous en aviez peu envie, puis c'était agréable
- ■ Vous en aviez envie, sans doute autant que lui
- ◆ Vous en aviez très envie, peut-être même plus que lui

3 **Qu'est-ce qui peut faire retomber votre désir brusquement ?**

- ✻ Un phénomène lié à votre propre désir (peur, gêne, honte des manifestations physiques, etc.)
- ● Un élément parasite extérieur (bruit, sonnerie du téléphone, etc.)
- ■ Une attitude liée à votre partenaire (précipitation, mots déplacés, odeur, etc.)
- ◆ Un phénomène ou un événement gênant ou important (irruption des enfants, accident, etc.)

4 **Quand vous ressentez un désir immédiat, comment cela se manifeste-t-il de la manière la plus flagrante ?**

- ✻ Vous rougissez
- ● Vous sentez une bouffée de chaleur
- ■ Vous avez une envie irrépressible de l'embrasser
- ◆ Vous ressentez quelque chose d'inhabituel au niveau de votre sexe (contractions, humidité, etc.)

Votre plaisir

1 Par le passé, vous pensez avoir atteint un véritable orgasme (plaisir complet, clitoridien, vaginal ou combiné)

- ✻ Assez peu souvent
- ● Parfois
- ■ Régulièrement
- ◆ Presque systématiquement

2 Si vous deviez définir votre orgasme, vous diriez que c'est

- ✻ Une sensation très agréable mais assez diffuse
- ● Une grande vague de chaleur qui irradie dans tout le corps
- ■ Quelque chose d'assez bref mais très intense
- ◆ Comme une succession d'explosions de plus en plus fortes

3 Comment pensez-vous atteindre le plus sûrement l'orgasme, d'après votre expérience ?

- ✻ Vous ne savez pas trop, ça arrive sans prévenir
- ● En vous masturbant
- ■ Par des caresses de votre partenaire (y compris cunnilingus)
- ◆ Lors de la pénétration

4 | **Si vous avez un rapport sans orgasme…**

- ❋ Ce n'est pas très grave pour vous
- ● Vous êtes déçue mais vous n'en parlez pas
- ■ Vous prenez l'initiative pour obtenir vous aussi votre plaisir
- ◆ Vous cherchez à comprendre pourquoi et à profiter des sensations perçues

Le corps de votre homme

1 | **Lorsque le sexe de votre homme est en érection, comment le trouvez-vous ?**

- ❋ Énorme
- ● Mignon
- ■ Très beau
- ◆ Très excitant

2 | **En dehors des fesses et du sexe lui-même, quelle est pour vous la principale zone érogène de votre homme ?**

- ❋ Ses bras et ses mains
- ● Sa bouche
- ■ Sa poitrine
- ◆ Son périnée

3 **Lorsque vous le voyez nu, vous avez envie**

- ✻ De le regarder
- ● De l'enlacer
- ■ De le caresser
- ◆ De l'embrasser et de le lécher

4 **Pour faire monter son excitation, vous pensez qu'il vaut mieux**

- ✻ Vous allonger, offerte
- ● Lui caresser les fesses
- ■ Promener vos seins sur son corps
- ◆ Effleurer son sexe avec votre bouche

Le plaisir de votre homme

1 **Pour lui procurer le plaisir le plus intense, vous pensez que le mieux c'est**

- ✻ De le masturber
- ● Qu'il vous pénètre vite
- ■ Qu'il vous pénètre lentement
- ◆ Que vous lui fassiez une fellation

2 **Quelle est selon vous la partie la plus sensible du sexe de votre homme ?**

- ✻ Les testicules
- ● La hampe (le corps du sexe)
- ■ Le gland
- ◆ Le frein (la peau qui lie le gland au prépuce)

3 **En dehors des sensations perçues par son sexe, quel est selon vous le sens le plus sollicité dans son plaisir ?**

- ✻ Le goût
- ● L'ouïe
- ■ L'odorat
- ◆ La vue

4 **De ce que vous en percevez, son plaisir est à son comble**

- ✻ Pendant les préliminaires
- ● Au moment même de l'éjaculation
- ■ Juste après l'éjaculation
- ◆ Lors d'une seconde éjaculation

Plaisir en solo

1 **D'une manière générale vous considérez la masturbation comme**

- ✻ Un truc dont vous ne vous vantez pas
- ● Un pis-aller quand vous êtes en manque de sexe
- ■ Une sorte d'entraînement au sexe
- ◆ Un vrai plaisir en soi

2 **En moyenne, comment quantifiez-vous votre pratique de la masturbation ?**

- ✻ Très rare
- ● De temps à autre
- ■ Une fois par semaine environ
- ◆ Plus d'une fois par semaine

3 **Lorsque vous vous masturbez, quel plaisir ressentez-vous ?**

- ✻ Une sensation douce et diffuse
- ● Un vrai plaisir, mais pas à tous les coups
- ■ Un véritable orgasme à chaque fois (ou presque)
- ◆ Un orgasme beaucoup plus fort que pendant les rapports

4 **Quel « outil » utilisez-vous le plus souvent pour vous masturber ?**

- ✻ Un oreiller ou une couette
- ● Un ou deux doigts seulement
- ■ Plusieurs doigts
- ◆ Le jet de la douche ou un vibromasseur

Vos fantasmes

1 **Il vous arrive de rêver éveillée à des scènes érotiques**

- ✻ Presque jamais
- ● Parfois
- ■ Régulièrement
- ◆ Tous les jours ou presque

2 **Ces visions érotiques sont provoquées selon vous par**

- ✻ Vous n'en avez aucune idée
- ● Le souvenir de votre dernier rapport
- ■ La vision ou l'évocation d'une image ou d'une situation « chaude »
- ◆ Elles apparaissent spontanément, sans aucune stimulation directe et spécifique

3 **Lorsque vous vous représentez une scène érotique**

- ✻ C'est une sensation diffuse, vous ne voyez personne en particulier
- ● Vous vous représentez seule ou avec votre conjoint
- ■ Vous vous représentez avec une personne inconnue
- ◆ Vous vous représentez avec une personne qui n'est pas votre conjoint mais que vous connaissez

4 **Lorsqu'un fantasme vous occupe l'esprit**

- ✻ C'est comme un rêve, sans effet immédiat
- ● Cela vous donne envie de faire l'amour sur l'instant mais cela passe
- ■ Cela vous donne envie de faire l'amour de manière durable
- ◆ Cela vous donne envie de faire l'amour de manière quasi impérative

TOTAL MADAME : comptabilisez le nombre de réponses de chaque type que vous avez cochées.

✻ =	● =	■ =	◆ =

POUR MONSIEUR

Votre désir

1 Quelle attitude de votre femme peut éveiller le plus sûrement votre désir ?

- ✻ Elle vous attend nue dans votre chambre à coucher
- ● Elle porte ostensiblement des dessous plus sexy
- ■ Elle vous regarde d'une manière sans équivoque
- ◆ Elle vous effleure ou fait un geste qui vous excite, comme par exemple remonter ses cheveux et dégager sa nuque

2 D'une manière générale, votre désir se manifeste

- ✻ D'abord en pensées
- ● Par une simple érection
- ■ Par une érection accompagnée parfois d'un échauffement généralisé
- ◆ Par une érection et une sécrétion de liquide séminal

3 **Vous est-il arrivé de ressentir du désir sans avoir de véritable érection ?**

- ❋ Oui, plusieurs fois
- ● Cela a dû m'arriver, mais très rarement
- ■ Je ne crois pas, mais je ne peux pas le garantir à 100 %
- ◆ Jamais, je suis formel

4 **Voir votre propre sexe en érection**

- ❋ Est plutôt embarrassant
- ● Ne provoque pas chez vous d'émoi particulier
- ■ Ajoute plutôt à votre excitation
- ◆ Est très plaisant et très excitant pour vous

Votre plaisir

1 **Lorsque vous éjaculez, vous ressentez du plaisir**

- ❋ Parfois
- ● Souvent
- ■ Presque à chaque fois
- ◆ Absolument toujours

2 **Votre plaisir vous semble**

- ❄ À peu près toujours le même
- ● Variable, mais assez peu
- ■ Plutôt variable, avec des bons et des mauvais jours
- ◆ Très variable

3 **Pensez-vous avoir déjà ressenti un orgasme sans éjaculer ?**

- ❄ Ah bon, c'est possible ?
- ● Non, je ne pense pas
- ■ C'est possible, mais je ne suis pas sûr
- ◆ Oui, je suis formel

4 **Outre l'éjaculation, qu'est-ce qui entre en ligne de compte selon vous dans votre plaisir ?**

- ❄ Il n'y a rien d'autre
- ● La durée du rapport
- ■ Le plaisir ou les réactions de votre partenaire
- ◆ Une caresse spécifique pratiquée pendant le rapport (scrotum, anus, prostate, autre zone érogène, etc.)

Le corps de votre femme

1 **Avec son autorisation ou de manière dérobée, avez-vous déjà observé le sexe de votre femme**

- ✻ Jamais ou presque
- ● Parfois
- ■ Assez souvent
- ◆ Quasiment à chaque rapport

2 **Hormis son clitoris, quelle est selon vous sa zone érogène la plus sensible ?**

- ✻ Vous ne savez pas
- ● Ses fesses
- ■ Ses seins
- ◆ Son périnée

3 **D'après vos connaissances, le clitoris de votre femme mesure en moyenne (y compris la partie non visible)**

- ✻ 0,5 cm
- ● 2 cm
- ■ 5 cm
- ◆ 10 cm

4 **Si votre femme vous demande de stimuler son point G, vous allez caresser**

- ✻ La capuchon de son clitoris
- ● Ses grandes lèvres
- ■ L'entrée de son vagin
- ◆ La face intérieure de son vagin

Le plaisir de votre femme

1 **Vous pensez qu'elle ressent le plus de plaisir quand vous**

- ✻ La pénétrez seulement
- ● La caressez avec vos doigts
- ■ Lui pratiquez un cunnilingus
- ◆ La pénétrez tout en lui caressant le clitoris

2 **Quel est, d'après vous, le facteur le plus important pour le plaisir de votre femme ?**

- ✻ La taille de votre sexe
- ● La durée du rapport
- ■ Les positions et les caresses pendant le rapport
- ◆ La qualité des préliminaires

3 **Concernant l'éternel et délicat sujet de la simulation, vous pensez**

- ✻ Qu'elle n'a jamais simulé
- ● Peut-être avec d'autres, mais pas avec vous
- ■ Que vous seriez bien incapable de le dire
- ◆ Qu'elle a sûrement déjà simulé avec vous, mais pour votre plaisir

4 **Quelle est à votre avis la meilleure technique de cunnilingus pour provoquer un orgasme chez votre femme ?**

- ✻ Pénétrer son vagin avec votre langue
- ● Lécher le gland du clitoris directement
- ■ Lécher la périphérie du clitoris et les lèvres
- ◆ Lécher la base du clitoris et son capuchon

Plaisir en solo

1 **Vous considérez la masturbation comme**

- ✻ Un truc dont vous ne vous vantez pas
- ● Un pis-aller quand vous êtes en manque de sexe
- ■ Une sorte d'entraînement au sexe
- ◆ Un vrai plaisir en soi

2 **Vous vous masturbez en moyenne**

- ❊ Moins d'une fois par semaine
- ● Au moins une fois par semaine
- ■ Plusieurs fois par semaine
- ◆ Presque tous les jours

3 **Si votre compagne vous surprend en train de vous masturber**

- ❊ Vous arrêtez immédiatement, plutôt gêné
- ● Vous arrêtez mais profitez de l'occasion pour évoquer votre sexualité
- ■ Vous poursuivez avec un peu de gêne
- ◆ Vous poursuivez en l'invitant à participer

4 **Le plaisir que vous ressentez lorsque vous vous masturbez**

- ❊ Pas génial, mais faute de mieux…
- ● Pas mal, ça dépend des moments
- ■ Parfois même supérieur au plaisir à deux
- ◆ Dans l'ensemble très bien, rien à redire

Vos fantasmes

1 **Il vous arrive de rêver éveillé à des scènes érotiques**

- ✻ Presque jamais
- ● Parfois
- ■ Régulièrement
- ◆ Tous les jours ou presque

2 **Ces visions érotiques sont provoquées selon vous par**

- ✻ Vous n'en avez aucune idée
- ● La vision ou l'évocation d'une image ou d'une situation « chaude »
- ■ Le souvenir de votre dernier rapport ou la vision d'un détail anatomique de votre compagne
- ◆ La vision d'une autre femme (connue ou non) ou d'un détail anatomique précis (seins, fesses, etc.)

3 **Dans ces visions, vous vous voyez**

- ✻ Vous ne voyez personne en particulier
- ● Seul ou avec votre compagne
- ■ Avec une ou plusieurs inconnues
- ◆ Avec une ou plusieurs inconnues ainsi que votre compagne

4 **Quelle est la fréquence de ces rêveries érotiques, chez vous ?**

- ✻ Assez rares
- ● De temps à autre, rien de régulier
- ■ Assez fréquentes
- ◆ Très fréquentes, voire quotidiennes

TOTAL MONSIEUR : comptabilisez le nombre de réponses de chaque type que vous avez cochées.

✻ =	● =	■ =	◆ =

POUR VOUS DEUX

Fréquence des rapports

1 **Si l'on excepte les périodes traditionnellement basses (grossesse, etc.) ou exceptionnellement hautes (vacances), vous faites l'amour environ**

- ✻ Moins d'une fois par semaine
- ● Environ une fois par semaine
- ■ 2 à 3 fois par semaine
- ◆ Presque tous les jours

2 **Quand vous faites l'amour, vous avez en moyenne**

- ✻ Jamais plus d'un rapport
- ● Un rapport, parfois deux
- ■ Deux rapports en moyenne
- ◆ Plus de deux rapports

3 **Quelle est la plus longue période sans rapports (ensemble) dont vous ayez souvenir ?**

- ✻ Plusieurs mois
- ● Plus d'un mois
- ■ Plus de deux semaines
- ◆ Une ou deux semaines

Préliminaires et caresses

1 **Combien de temps pensez-vous consacrer en moyenne aux caresses et préliminaires (avant pénétration) ?**

- ✻ Moins de 5 minutes
- ● Entre 5 et 10 minutes
- ■ Entre 10 et 20 minutes
- ◆ Plus de 20 minutes

2 **Arrive-t-il que l'un d'entre vous atteigne un orgasme lors des préliminaires ?**

- ✻ Non, jamais
- ● Oui, à chaque fois
- ■ Ça arrive, mais ça n'est pas fréquent
- ◆ Ça arrive, mais on essaie de le contrôler

3 **Quel type de préliminaires n'effectuez-vous jamais ?**

- ✻ Caresses orales (cunnilingus ou fellation)
- ● Caresses avec les mains sur le corps de l'autre
- ■ Pénétration avec les doigts (vagin, anus)
- ◆ Caresse ou pénétration avec des accessoires

4 **À contrario, quels sont vos préliminaires habituels ?**

- ❄ Caresses avec les mains sur le corps de l'autre
- ● Caresses ou pénétration avec des accessoires
- ■ Pénétration avec les doigts (vagin, anus)
- ◆ Caresses orales (cunnilingus ou fellation)

5 **En guise de préliminaires, il vous semblerait amusant**

- ❄ De regarder un film X ensemble
- ● De parler un peu plus crûment que d'habitude de vos fantasmes
- ■ D'enduire le corps de l'autre de nourriture et de le lécher
- ◆ De vous masturber l'un devant l'autre ou l'un l'autre

Pénétration et coït

1 **Difficile à évaluer, mais selon vous la pénétration dure en moyenne**

- ❄ 2 ou 3 minutes
- ● 5 minutes environ
- ■ Entre 5 et 10 minutes
- ◆ Plus de 10 minutes

2 **La pénétration, c'est pour vous**

- ❋ Le but ultime du rapport
- ● Une conclusion satisfaisante du rapport
- ■ Pas toujours le meilleur, mais l'essentiel
- ◆ Une étape comme une autre vers le plaisir

3 **La pénétration, c'est pour vous (bis)**

- ❋ Chacun pour soi, mais à deux
- ● Un rapport de force
- ■ Un échange très intense
- ◆ Une vraie communion, voire une fusion

4 **En moyenne, vous pensez adopter, lors de la pénétration proprement dite**

- ❋ Presque toujours la même position
- ● Une position principale et des variantes
- ■ 3 ou 4 positions principales, peu de variantes
- ◆ Plus de 4 positions et des variantes

5 **Pendant la pénétration**

- ❄ Vous ne vous caressez pas nécessairement
- ● Vous vous caressez le visage et les membres
- ■ Vous caressez certaines zones érogènes (poitrine, bouche, oreilles, etc.)
- ◆ Vous caressez des zones érogènes plus « chaudes » (bourses, périnée, anus, clitoris, lèvres, etc.)

Rapports bucco-génitaux

1 **Vous pratiquez des rapports bucco-génitaux en guise de préliminaires**

- ❄ Très rarement
- ● De temps à autre
- ■ Assez souvent
- ◆ Presque à chaque fois que vous faites l'amour

2 **En la matière, vous avez l'impression que**

- ✻ L'un d'entre vous le prodigue et l'autre jamais
- ● L'un d'entre vous le prodigue plus que l'autre
- ■ C'est parfaitement équilibré
- ◆ C'est équilibré mais vous n'en faites pas une comptabilité

3 **Vous arrive-t-il d'avoir des rapports sexuels où les caresses bucco-génitales constituent le plat de résistance (pas de pénétration) ?**

- ✻ Jamais
- ● Très rarement
- ■ Assez souvent
- ◆ De temps à autre

4 **Vous arrive-t-il de pratiquer la 69 (rapports bucco-génitaux réciproques) ?**

- ✻ Jamais
- ■ De temps à autre
- ● Rarement
- ◆ Assez souvent

Pratiques plus extrêmes

1 Laquelle de ces pratiques avez-vous déjà réalisée ?

- ✻ Aucune pratique spécifique
- ● Vous prendre en photos nus
- ■ Faire l'amour à 3 ou plus
- ◆ Fréquenter un club échangiste

2 Avez-vous déjà utilisé des accessoires lors de vos rapports (vibromasseur, godemiché, etc.) ?

- ✻ Jamais
- ● On l'a évoqué, mais on n'est jamais passé à l'acte
- ■ Quelque fois
- ◆ Assez régulièrement

3 Sans nécessairement passer à l'acte, vous confiez-vous l'un l'autre vos fantasmes ?

- ✻ Jamais
- ● Rarement
- ■ De temps à autre
- ◆ Assez souvent

4 **Avez-vous déjà pratiqué la sodomie ensemble ?**

✻ Jamais
● Une fois ou deux pour essayer
■ De temps à autre, mais ce n'est pas notre truc
◆ Plus ou moins régulièrement, mais avec plaisir

TOTAL (PROVISOIRE) COUPLE : comptabilisez le nombre de réponses de chaque type que vous avez cochées.

✻ =	● =	■ =	◆ =

TOTAL (FINAL) COUPLE :

1 Ajoutez le nombre de réponses de chaque type obtenues pour madame, pour monsieur ainsi que pour le couple.

2 Reportez-vous ensuite au profil de couple correspondant au type de réponses maximum que vous obtenez (par exemple le profil du couple « novice » pour un maximum de ✻).

3 En revanche, quel que soit le résultat final du couple, s'il apparaît une différence de plus de 10 points entre les résultats individuels de l'un et l'autre (par exemple monsieur obtient 14 ❋ et madame 2 ❋ seulement), le couple, dans son ensemble, appartient à la catégorie du couple « déséquilibré ».

❋ =	● =	■ =	◆ =

VOTRE SEXE ATTITUDE

Différence de + de 10 points (entre vos résultats individuels) : Le couple « déséquilibré »

Le principal défaut de votre couple, sexuellement parlant, c'est de toute évidence le manque de communication. Il est flagrant que vous ne vivez pas l'un et l'autre votre sexualité de la même manière. Peut-être même avez-vous parfois l'impression de nourrir des attentes ou des goûts divergents, ce qui vous plonge dans un sentiment d'exclusion peu agréable. L'un aura des besoins insatisfaits et jugés trop importants par l'autre, ou l'autre refusera obstinément telle pratique si douce pour son partenaire… Pourtant, rien de cela n'est irrémédiable. Tous les couples peuvent établir un « socle » sexuel commun, et se rapprocher peu à peu l'un de l'autre, pour peu qu'ils échangent librement et durablement sur le sujet.

Maximum de ❊ (résultat final du couple) :
Le couple « abstinent »

En l'état, votre sexualité, apparaît plus comme un doux songe qu'une véritable pratique où les corps se mêlent. Est-ce vos peurs, un petit problème physiologique ou encore des expériences passées plus ou moins réussies qui vous inhibent ainsi de la sorte ? Toujours est-il qu'un travail est à entreprendre qui vous réconciliera autant avec l'autre qu'avec la sexualité dans son ensemble.

Maximum de ● (résultat final du couple) : Le couple « novice »

Vous vous aimez si fort... que vous pensez naïvement que le sexe suivra ! Votre enthousiasme vous honore, mais vous commettez néanmoins une erreur classique à laquelle les « jeunes » couples, même s'ils sont expérimentés sexuellement, n'échappent pas toujours. S'aimer ne suffit pas toujours à éveiller le désir à bon escient, ni à bien connaître son partenaire. Le résultat « au lit » peut même être d'autant plus décevant que les sentiments et l'attente sont grands. Il va donc falloir ajouter un peu de méthode et de piment dans votre romantisme !

Maximum de ■ (résultat final du couple) : Le couple guetté par la routine

Cas le plus fréquent, il n'est pas nécessairement le plus facile à anticiper, moins encore à corriger. S'il est vrai que « couple durable = routine », on aura d'ailleurs vite fait de considérer que le train-train sexuel est une véritable fatalité. C'est évidemment faux. Sans verser non plus dans une fuite sensuelle en avant, il est possible de ranimer la flamme horizontale de partenaires qui se connaissent bien… ou pensent se connaître.

Maximum de ◆ (résultat final du couple) :
Le couple des « vieux amants »

L'adjectif est à prendre au figuré, bien sûr. De « vieux » amants sont tout simplement passés par toutes les étapes de la flamme initiale, de la passion, puis de la lassitude progressive et ont même testé par eux-mêmes quelques stratégies de reconquête plus ou moins heureuses. Certains mettent des années à en arriver là, d'autres brûlent les étapes en quelques mois. Mais redécouvrir l'autre, réapprivoiser son corps, réapprendre la fraîcheur des premières fois, tout cela ne s'improvise pas.

MON PROGRAMME

Vous voilà donc tous les deux confortablement calés dans le canapé ou sur le lit. Si vous avez été sincères, il n'a pas été forcément facile de livrer toutes ces informations intimes devant l'autre. Mais vous verrez que ce n'est qu'en acceptant de vous dévoiler complètement à l'autre que vous lui donnerez la clé de votre plaisir. Et ce faisant, du sien. Quel que soit le résultat final, et la catégorie dans laquelle vous vous êtes finalement reconnus, cela ne doit pas être un constat d'échec. Pas plus qu'un alibi fataliste pour ne rien changer. Trop de couples, devant une difficulté passagère à communiquer sexuellement, choisissent une position de repli qui s'appelle selon les cas le silence et la gêne, l'abstinence, l'adultère ou encore le plaisir solitaire exclusif… Rien de tout cela n'est condamnable en soi, si ce n'est que provisoire et ne se substitue pas totalement – ni surtout durablement – à la relation à deux.

Pour éviter ces écueils hélas classiques, ou les dépasser, nous avons concocté pour vous cinq programmes, qu'il convient bien de qualifier ici de programmes de la (ré)jouissance.

Tâchez d'appliquer l'intégralité du programme vous correspondant, sans piocher dans les autres, aussi tentantes soient les propositions qui s'y trouvent.

Chacun de ces programmes est prévu pour une durée de trois semaines, durée minimale pour vous retrouver pleinement l'un l'autre. Car il serait illusoire de penser qu'une bonne communication intime puisse reprendre en un seul jour ou en une seule fois. Si, au cours du programme, un rapport se révèle plus satisfaisant qu'à l'accoutumé, ne vous arrêtez pas en si bon chemin, et menez le programme à son terme. Car le succès de l'entreprise réside avant tout dans la répétition et la régularité de vos nouveaux échanges. « Einmal ist keinmal » (Une seule fois c'est comme aucune fois) disait l'un des personnages de *L'Insoutenable légèreté de l'être* de Milan Kundera… À ce propos, certains de ces exercices ne peuvent s'effectuer qu'une seule fois (signalés par un ♥ au cours de la semaine considérée), d'autres à plusieurs reprises (signalés par deux ♥♥).

PROGRAMME 1 : LE COUPLE « NOVICE »

Semaine 1

a) Petite leçon d'anatomie ♥

La plupart des amants se lancent dans leur sexualité « adulte » armés de leurs seuls souvenirs de cours d'éducation sexuelle du collège. Ou, pour quelques-uns d'entre eux, de leur vision de films X. Bref, des représentations partielles ou déformées de la sexualité, mais aussi et surtout de l'anatomie de chacun des sexes. C'est peu de dire qu'ils méconnaissent dans l'ensemble ce qu'est véritablement le sexe d'un homme ou d'une femme, et surtout la façon dont il fonctionne, même lorsqu'il s'agit de leur propre sexe. Ainsi, une petite révision s'impose. Si votre partenaire l'accepte, le mieux sera d'illustrer les propos suivants en observant son sexe, et en dévoilant le vôtre. Pudeur? N'avez-vous pas déjà vu dans le détail, notamment dans ces fameux films porno, des sexes d'hommes et de femmes que vous ne connaissiez même pas?

Habituellement, les hommes éprouvent peu de difficultés à s'exhiber de la sorte, et les femmes beaucoup plus. La plupart d'entre elles ont une image peu flatteuse de leur sexe, qu'elles trouvent souvent disgracieux, et qu'elles répugnent à montrer. Une difficulté à assumer son vagin que Freud a traduit dans sa théorie des phases du développement sexuel comme l'expression d'un manque, celui du phallus. Largement contestée à un niveau théorique, cette hypothèse est surtout aujourd'hui contredite par les faits. En effet, en maîtrisant désormais la contraception et la procréation (apparition de la pilule contraceptive et légalisation de l'IVG), les femmes sont peu à peu devenues « maîtres » de leur sexe.

Le sexe de la femme n'est plus uniquement synonyme de grossesse (plus ou moins désirée), mais aussi le siège de leur plaisir…

• Le sexe de la femme:

Les organes sexuels externes de la femme sont concentrés dans la région dite «de la vulve». Elle se situe juste sous le pubis, ou mont de Vénus, ce fameux buisson de poils qui dessine un triangle inversé sur le bas ventre.

Les organes externes de la femme sont plus complexes que ceux de l'homme, et aucune vulve ne ressemble à une autre. D'où la nécessité de montrer à votre partenaire comment vous êtes faite.

Allongez-vous sur le dos et relevez vos cuisses puis écartez-les assez pour que votre vulve soit bien visible. La première chose visible, ce sont les grandes lèvres, deux renflements de chair verticaux, recouverts d'une pilosité plus ou moins dense. Cette zone est sensible et se gonfle de sang lors de l'excitation. Les grandes lèvres recouvrent les trois « étages » de la fente vulvaire, même si, chez certaines femmes, les petites lèvres dépassent lorsque les grandes lèvres sont collées. Généralement, ces trois étages sont de même longueur, en moyenne 3 à 4 cm pour chacun d'entre eux.

1er étage, le clitoris : au point de rencontre des grandes lèvres, naît le capuchon, un repli de chair dont la partie basse présente une ouverture en forme de U inversé. C'est lui qui protège le gland du clitoris proprement dit. Selon les cas, le clitoris est légèrement visible ou complètement caché sous le capuchon (qui parfois descend très bas sur les petites lèvres). Il mesure environ 2 cm dans sa partie « émergée », et plus de 10 si l'on compte la partie interne. C'est de loin l'organe du corps humain comprenant le plus de terminaisons nerveuses (4000 sur chaque côté, 8000 à son extrémité), et donc le plus sensible. Il l'est tant que de nombreuses femmes ne supportent pas un contact direct. C'est pourquoi, lors des caresses ou des cunnilingus, il est préférable de masser le capuchon, et non pas le gland clitoridien de manière directe. À noter que le clitoris, à l'instar du pénis masculin, se gonfle de sang lors de l'excitation, et prend parfois une couleur rouge plus sombre. Mais, contrairement au pénis, il sert exclusivement au plaisir, et rien d'autre !

2ᵉ étage, les nymphes : c'est l'autre nom des petits lèvres, une zone érogène très sensible aux caresses, dont la stimulation est un bon préliminaire. Les nymphes recouvrent la zone appelée « vestibule » et constituent la partie du sexe féminin qui varie le plus d'un sujet à l'autre. Taille, longueur, couleur, texture... il y a autant de nymphes que de femmes. En clair, ne complexez pas ! Car c'est souvent l'aspect de ces nymphes qui préoccupe le plus les femmes. En moyenne, dans le type « courant », chacune mesure 25 à 40 mm une fois déployée. En deçà, on parle de type « court ».

Au-delà, on parle de type « aliforme », en aile de papillon. C'est ce dernier type qui dépasse le plus de la fente vulvaire, et peut se révèler gênant. Dans ce cas, une intervention peut être pratiquée.

Les petites lèvres recouvrent l'extrémité de l'urètre, ou papille urétrale, un canal de 4 cm environ qui permet d'expulser l'urine depuis la vessie. Attention, tout contact direct avec cette zone, même avec la langue, est généralement désagréable.

3e étage, le vagin : selon la taille des petites lèvres, il est partiellement recouvert à l'état de repos. Contrairement à ce que croient beaucoup d'hommes, le vagin n'est pas un orifice béant, mais parfaitement clos la plupart du temps. Seule l'excitation peut l'entrouvrir naturellement ou l'action d'un agent extérieur (doigt, pénis, appareil d'observation) l'ouvrir tout à fait. Il mesure en moyenne 8 cm de long et 3 à 5 cm de large. Voilà de quoi rassurer ces messieurs sur la capacité de leur propre sexe (13 à 15 cm de long et 3,5 cm de diamètre, en moyenne, en érection) à « combler » leur partenaire.

Le célèbre point G se situe à l'intérieur du vagin, sur sa face antérieure (côté ventre, si vous préférez), à environ 5 à 6 centimètres du vestibule.

Il se reconnaît au toucher au renflement qu'il constitue, mais aussi à sa texture légèrement granuleuse. Toutes les femmes ne sont pas sensibles à sa stimulation. Mais surtout, celle-ci suppose une excitation suffisante. Taquiner le point G ne peut être considéré comme un préliminaire. À noter, par ailleurs, que la paroi du vagin comporte des rides, épaisses lorsque la femme est jeune, et qui s'aplanissent avec l'âge.

Sur toute sa longueur, le vagin est ceint de muscles que la femme peut contracter ou relâcher à volonté. Cette faculté peut être un atout déterminant, tant pour le plaisir de son partenaire que pour sa propre capacité à ressentir un plaisir vaginal.

Tout en bas de la vulve, la fossette naviculaire, en forme de fer à cheval (U) plus ou moins fermé, vient protéger l'orifice du vagin. Elle est bordée en dessous par le périnée, point de jonction inférieur des grandes lèvres, et zone qui s'étend du canal vaginal jusqu'à l'anus. Plat ou bombé, c'est une zone très sensible, en particulier à sa périphérie. Ses caresses peuvent constituer un préliminaire très apprécié.

• <u>Le sexe de l'homme</u> :

Les organes sexuels externes de l'homme sont plus simples et plus évidents en principe, car plus saillants.

Une erreur fréquente consiste, chez les femmes, à imaginer que l'excitation de l'homme est égale quelle que soit la zone stimulée.

Pour offrir un angle d'observation satisfaisant à votre partenaire, en particulier si vous n'êtes pas en érection, tenez-vous debout, face à elle (assise). Afin d'en finir une fois pour toutes avec les fantasmes sur la taille, sachez que 95 % des hommes possèdent un pénis mesurant environ 8 à 9 cm au repos, et 13 à 15 cm en érection. Les verges plus longues ou plus courtes sont donc très rares. Le point de référence pour la mesure est la base de la verge, sur le dessus, au point de contact avec le bas ventre. Nul n'est donc tenu d'exhiber les 22 cm légendaires d'un Rocco Siffredi. Quant à l'eau froide, ce n'est pas un mythe : elle rétracte vraiment les tissus ! Alors pas de honte à avoir si vous sortez d'une baignade à l'extérieur (mer, piscine) avec le « zizi » d'un nourrisson.

La hampe : c'est le corps même du pénis, la partie dont les « corps caverneux » se gonflent de sang lors de l'érection. Cette zone est loin d'être la plus sensible, malgré la présence (normale) de grosses veines, parfois très apparentes, en particulier sous la verge. Ne vous laissez pas abuser par la relative souplesse de l'objet au repos. Le corps de la verge est fragile, et plus encore en érection. Évitez donc les torsions, les coups même légers, ou les frictions trop appuyées. Selon les sujets, l'implantation des poils remonte plus ou moins haut le long de la hampe. Une légère courbure de la hampe (inférieure à 45°) est naturelle et sans danger, ni pour l'homme ni pour sa partenaire. Si celle-ci tend à augmenter de manière notable, il convient de consulter un médecin.

Le prépuce: c'est le capuchon de peau qui recouvre l'extrémité du pénis. Sur les sexes circoncis, il a presque totalement disparu et se résume le plus souvent à une petite couronne de peau à la base du gland. Sur les sexes non circoncis, au repos, il couvre la quasi-totalité du gland, et prend un aspect de peau fripée plus ou moins esthétique. Attention cependant à ne pas être trop brusque lorsque vous le tirez vers le bas pour décalotter le gland. Le meilleur moyen pour une femme de savoir comment décalotter son homme sans le faire bondir, est de le regarder faire. Chaque homme a en effet sa manière bien à lui de tirer le prépuce vers le bas, puis de le remonter, lorsqu'il se masturbe.

Le gland : c'est la tête du pénis, percée à son sommet par le méat urinaire, par lequel s'écoulent toutes les sécrétions (urine, liquide séminal, sperme). Le gland est la zone du pénis la plus riche en terminaisons nerveuses (4000 à 8000). Pas étonnant que les hommes apprécient qu'on en prenne un soin spécifique, notamment lors des fellations. Une zone si sensible que, en particulier chez les non-circoncis, toute agression directe (ongles, dents etc.) est très douloureuse. Attention, le méat urinaire n'est pas un orifice qu'il est possible de pénétrer. L'introduction d'un objet extérieur, d'un doigt ou même de la pointe d'une langue peut être très pénible, voire dangereuse.

La forme et la taille du gland varient assez largement d'un homme à l'autre. En pointe dans le prolongement de la verge, presque carré ou plat à son extrémité, en forme de champignon légèrement plus large que la hampe (cas le plus fréquent), voire en dôme très arrondi… Il n'y a aucun complexe à avoir. Idem pour la couleur. Rouge ou rosé lors de l'érection, il prend parfois une teinte plus terne, voire vaguement bleutée ou violacée, au repos.

Le frenulum : appelé plus communément le frein, cette petite membrane de peau tendue est le point d'attache entre le gland et le prépuce. Il est si sensible que sa seule stimulation peut amener un homme à l'orgasme, sans mouvement de va-et-vient. Il est aussi très fragile et, lors d'une masturbation ou d'une manipulation trop brutale, il peut rompre (cas rares). Attention, donc, à ne lui prodiguer des soins que très délicats. Quant à vous messieurs, veillez à en nettoyer soigneusement les replis lors de votre toilette.

Le scrotum : ou les « bourses », si vous préférez, est cette poche de peau placée sous le pénis et qui contient les testicules. Inutile de vous rappeler que toute agression de ces dernières est particulièrement douloureuse. En revanche, le massage ou le léchage du scrotum sont très appréciés de certains hommes. Mention spéciale à la base de celui-ci, à la limite du périnée. Dans le prolongement, chez certains hommes, la région de l'anus est très sensible et les caresses qui y sont prodiguées très stimulantes.

b) Découvrir le corps de l'autre ♥♥

Si vous avez effectué l'exercice qui précède, vous ne devez plus ignorer grand-chose du sexe de votre partenaire. Bien sûr, les indications anatomiques qui y sont données demeurent assez générales, et vous devez surtout retenir que, à l'instar de l'individu qui le porte, chaque sexe est unique. Dans sa physionomie bien sûr, mais aussi dans son comportement. Ainsi telle façon de toucher le clitoris qui affolera une femme, sera ressenti comme une agression douloureuse par une autre. Le seul moyen de le savoir, c'est d'essayer. Avec respect et avec douceur, bien sûr. Mais les zones les plus sensibles de notre corps ont ceci de pratique qu'elles réagissent de manière immédiate, et manifestent sans tarder leurs goûts et dégoûts.

Exceptée cette phase d'exploration réciproque de vos zones les plus intimes, ne vous jetez pas sur le sexe de votre partenaire comme un(e) affamé(e). Apprenez tout d'abord à découvrir l'ensemble de son corps, y compris les régions qui ne sont pas réputées érogènes.

**C'est cet ensemble qui doit vous séduire,
quelles que soient ses imperfections,
et non pas les seuls attributs sexuels.**

Ces exercices vont vous permettre de comprendre comment son corps fonctionne, quelles zones sont plus ou moins sensibles, mais aussi lesquelles sont pour vous les plus stimulantes à regarder, toucher, sentir ou même goûter.

L'effeuillage: un bon moyen de prendre son temps et de révéler une à une chacune des parties du corps de votre partenaire, c'est de procéder à son effeuillage. Votre partenaire en position debout (plus pratique), enlevez chaque pièce de vêtement avec lenteur. Ce faisant, jouissez de la vue qui vous est alors offerte sur la zone ainsi mise à nue. N'hésitez pas à rapprocher votre visage, voire à déposer des baisers très légers sur la peau découverte. Vous pouvez aussi sentir le parfum de celle-ci, en promenant la pointe de votre nez comme une tête chercheuse.

Le miroir: le problème avec ces explorations préliminaires, c'est que bien souvent, emportés par l'excitation, on ne prend pas le temps de les mener jusqu'à leur terme. Pour faire retomber la pression, placez-vous tous les deux devant un grand miroir «en pied» (dans lequel vous vous voyez en entier). Effectuez par exemple votre effeuillage en ne regardant le corps de l'autre que dans le miroir, et jamais de manière directe. Vous mettez ainsi une distance qui vous place en position d'observateur, et non d'acteur, et demeurez plus serein pour mener à bien votre exploration systématique. Pour celui ou celle qui se laisse faire, c'est aussi un moyen de percevoir vos réactions, les régions sur lesquelles vous vous attardez, bref d'avoir un « retour ».

Les positions: la station debout est parfaite, mais elle devient vite lassante. À défaut, allongez-vous tous les deux sur un lit ou sur un canapé, désormais complètement nus. Chacun votre tour, procédez à une « promenade » de la tête aux pieds, sur le corps de votre partenaire. À ce stade, vous ne devez ni appliquer vos mains comme pour effectuer un massage, ni surtout vous attarder sur les zones génitales. Du bout des doigts, effleurez les cheveux, la nuque, les tempes, les lobes des oreilles, puis l'intégralité du visage en passant par le front, le nez, les joues, la bouche, le menton.

Poursuivez de la sorte sur tout le reste du corps, très lentement, comme si vous touchiez un être très fragile, fait de cristal.

Afin de tester ses réactions, vous pouvez néanmoins user d'autres « outils » que la pulpe de vos doigts: la pointe du nez, la joue, les lèvres, la langue, ou même le battement subtil des cils.

Aucun centimètre carré de peau ne doit vous échapper. La balade complète devrait durer 15 à 20 minutes pour chacun d'entre vous. Convoquez aussi vos autres sens, en sentant chaque zone, en la palpant légèrement pour éprouver son moelleux, appliquez-y un petit coup de langue pour la goûter. Vous découvrirez qu'un corps est comme un gigantesque buffet : il y en a pour tous les goûts et, pour peu qu'on soit curieux, on y trouve toujours des merveilles insoupçonnées.

L'expression : s'offrir ainsi au regard scrutateur de l'autre, c'est aussi se soumettre à son appréciation, son jugement. Ou tout du moins le ressentez-vous comme ça. Il est donc capital de veiller à la nature et à la forme des commentaires que vous ne pourrez vous empêcher de faire, ou que la personne ainsi « explorée » cherchera à vous arracher.

La première règle en l'espèce, c'est aucune sentence définitive : pas d'exclamation de surprise ou de dégoût. Si un élément vous déplaît, ou vous plaît moins, passez-le sous silence pour l'instant. Il suffira à faire comprendre votre moindre intérêt. En revanche, n'hésitez pas à dire votre admiration pour telle nuque particulièrement fine ou ce grain de peau admirable. N'en faites pas trop non plus en vous extasiant à chaque endroit.

Bannissez de votre vocabulaire les qualificatifs à double tranchant, ceux qui induisent par exemple la surcharge de la personne. Ainsi « moelleux », très positif dans la bouche d'un homme, est automatiquement traduit par « grosse » par une femme. Évitez aussi les adjectifs passe-partout, galvaudés, voire un peu bêtifiants ou hors de propos comme « mignon », « mimi », « cool », « top »… On se souvient, dans le film *Chacun cherche son chat*, de Romain Duris déclarant à sa compagne d'un soir : « ils sont classes tes seins ! ». Pas très délicat, tout ça… Cantonnez-vous à des adjectifs purement descriptifs (doux, pur, lisse, translucide, etc.) ou simples (très beau, très joli, magnifique, agréable, sensuel, féminin/masculin, viril etc.). Évitez, enfin, de vous placer dans le registre de la plaisanterie. S'agissant du corps, il y a toujours un moment où une expression dérape, et où l'on est mal compris…

Semaine 2

a) Petite leçon de masturbation ♥♥

Savoir bien caresser le sexe de son partenaire, c'est comme le permis de conduire. On ne rappellera en effet jamais assez à quel point il importe de savoir comment fonctionne le sexe de l'autre avant d'en faire usage.

À cet effet, il est un spectacle très riche d'enseignements, c'est de regarder son partenaire se masturber. Comme nous l'avons déjà vu, les femmes sont particulièrement réticentes. Pourtant, l'art de caresser leur sexe étant plus délicat encore que chez l'homme, elles auraient tout à y gagner. Si décidément vous ne parvenez pas à vous adonner à ce plaisir solitaire sous l'œil affûté de votre conjoint, élaborez un petit scénario. Demeurez seul(e) dans la chambre, la porte entrebâillée, et commencez à vous masturber, de préférence en fermant les yeux. Une fois dans l'action, c'est à peine si vous remarquerez la présence de l'autre, entré(e) sur la pointe des pieds.

On ne devrait pas être autorisé à « conduire » une sexualité à deux sans maîtriser parfaitement ce véhicule.

- Masturber une femme :

Commencez par caresser les zones les plus sensibles réparties autour de la vulve elle-même : périnée, intérieur des cuisses, fesses… Surtout ne vous ruez pas pour l'instant sur le clitoris. Appliquez maintenant l'ensemble de vos doigts sur la vulve et massez-la en décrivant des mouvements circulaires assez larges. Avec le majeur et l'index, concentrez-vous maintenant sur les grandes lèvres, qui doivent peu à peu s'entrouvrir naturellement, et révéler les petites lèvres, le clitoris et le vagin. Effectuez un mouvement doux, mais pas trop lent non plus. Vous pouvez aussi pétrir les grandes lèvres de bas en haut, en les prenant entre le pouce et l'index.

Si la vulve n'est pas déjà humidifiée par ses sécrétions naturelles, déposez un peu de salive sur votre pouce et votre index, et massez très doucement le haut des petites lèvres, de part et d'autre du capuchon du clitoris. À moins qu'elle ne retienne votre geste, effectuez maintenant un mouvement rotatif de la pointe de votre majeur autour du capuchon, toujours dans le même sens et surtout, surtout, de manière régulière, sans vous arrêter. Sans appuyer trop fort, vous devez sentir légèrement le gland du clitoris rouler sous votre doigt, dans l'enveloppe du capuchon. Sauf demande expresse, ne « décalottez » pas le capuchon sur le gland, et ne massez pas directement celui-ci, trop sensible. À ce stade, votre partenaire doit normalement se manifester. Soit sa désapprobation, ou l'inefficacité de votre manœuvre, soit la sensation agréable qu'elle perçoit. Beaucoup de femmes ont d'ailleurs tendance à prendre la main de l'homme et à la diriger d'autorité, tout en donnant des indications :

« plus vite », « non pas là, plus bas » etc. Surtout, laissez-vous faire. Car, en vous guidant de la sorte, elle vous donne la clé de son plaisir.

Ne vous arrêtez que lorsqu'elle vous le demande de manière explicite. D'ici- là, si elle semble prendre du plaisir, ne changez rien ! Parmi les principaux reproches faits aux hommes en matière de masturbation féminine, il y a cette lassitude qui les prend vite et qui les pousse à changer soudain de « technique », au moment même où la femme allait jouir. Bref, une fois que vous tenez le bon mouvement, n'en changez plus !

Une fois cette masturbation élémentaire maîtrisée, vous pouvez vous essayer à quelques variantes. La première d'entre elles consiste à faire durer le plaisir et à entrecouper la caresse du clitoris de pénétration d'un doigt, le plus souvent le majeur, dans le vagin. La paroi de ce dernier est fragile, évitez donc toute insertion de doigt si vous n'avez pas des ongles courts et impeccables. À l'intérieur, ne cherchez pas à le pousser trop profond. Évitez aussi les grands mouvements circulaires, rarement appréciés. Caressez plutôt avec douceur la face antérieure (face à vous). Avec un peu de chance, vous sentirez un petite renflement charnu, et très réactif : le fameux point G ! Massez-le de haut en bas, de manière régulière. En vous plaçant à côté de votre partenaire, vous devriez pouvoir pratiquer cette caresse très intime, tout en massant le clitoris à l'aide de votre pouce. Chez certaines, cette combinaison est explosive !

Si la femme parvient à l'orgasme, son vagin peut être sujet à des contractions. La plupart du temps, son clitoris est alors si sensible qu'elle ne peut supporter une nouvelle stimulation. Cependant, chez les femmes qui le tolèrent, la sensation peut être très forte.

• Masturber un homme :

En apparence, masturber un homme est beaucoup plus simple. Pourtant, nombreuses sont les femmes à sembler embarrassées par cet objet dur et encombrant. Retenez tout d'abord que, à l'instar des femmes, la plupart des hommes apprécient qu'on leur caresse le pourtour du pénis, avant de s'attaquer aux choses sérieuses. Prenez en main ses bourses, enveloppez-les doucement d'une main et caressez-les avec ménagement. Puis « jouez » avec son pénis, si tendu en état d'érection, qu'il fonctionne comme une sorte de ressort ou de culbuto. Avec la paume de la main, faites-le rebondir, puis massez alors son gland avec votre main à plat, très doucement.

Maintenez la base de son sexe d'une main, et de l'autre effectuez un léger mouvement de torsion circulaire de bas en haut, comme si vous débouchiez un bouchon ou un couvercle.

Les hommes ont besoin de préliminaires plus courts, vous pouvez donc passer maintenant aux choses sérieuses. Toujours en maintenant la base de son pénis, empoignez-le de l'autre main, comme un bâton, juste sous le gland. Si vous le prenez trop bas ou du bout des doigts, ce sera totalement inefficace. Vous ne devez pas être inquiétée par les mouvements ou les spasmes de son sexe, dus à l'afflux brusque de sang. Appliquez un mouvement de va-et-vient régulier de haut en bas, ni trop rapide ni trop lent, en veillant à ne pas tirer trop sur le frein lorsque vous descendez. S'il n'est pas circoncis, il est normal que le prépuce recouvre et découvre le gland à chaque mouvement. Attention néanmoins à ne pas « froisser » cette peau fragile, ni à la rouler vers l'intérieur, ce qui est très désagréable pour lui. Si tel est le cas, déroulez-la doucement avec vos doigts et reprenez. Comme les femmes, les hommes ont besoin de durée et de régularité. Sauf avis contraire, ne changez rien. Lorsque vous sentez qu'il va venir (sexe plus dur, spasmes), accélérez légèrement le mouvement, sans pour autant le durcir.

Sauf maladresse (griffure sur le gland, frein malmené) ou mouvement trop brusque, il est rare qu'un homme ainsi traité ne parvienne pas au plaisir. Après l'éjaculation, son gland (comme le clitoris de la femme), ne souffre pas d'être manipulé.

b) Apprendre à dire les choses ♥♥

Il y a ce que votre corps dit. À moins d'être sourd et aveugle, votre partenaire vient de l'entendre et de le voir par l'exemple. Et puis il y a ce que vous en dites, vous. Et là aussi il y a beaucoup à dire, et beaucoup à écouter. Il ne s'agit même pas de confier pour l'heure vos fantasmes les plus fous, les moins avouables. Non, il s'agit juste de parvenir à commenter à haute voix ce qui vous plaît ou non, en l'état de vos pratiques sexuelles… ou de celles que vous ne pratiquez pas encore.

Cela paraît simple, et pourtant de très nombreux couples ne parviennent pas à parler de ce qu'ils font. Le faire, passe encore, mais en parler, cela leur semble beaucoup plus gênant!

Pour vous aider à dépasser cet étrange paradoxe, voici quelques techniques afin d'apprendre à dire les choses en matière de sexualité:

• Stop ou encore :

Ça peut paraître un peu ridicule, et pourtant ça marche ! Il s'agit ni plus ni moins que de vous doter, pendant vos ébats, de trois blocs de Post-it de couleurs différentes. Par exemple Orange (Stop, je n'aime pas !), Jaune (C'est pas mal, tu peux continuer) et Rose (Waouh, j'adore, encore !). Il suffira de piocher la couleur appropriée, pour signifier ce qui vous convient ou non. La même méthode peut être appliquée hors du lit, lors de vos échanges verbaux. Car ce qui embarrasse le plus les timides en matière de discussions sexuelles, c'est d'avoir à se justifier. Là, nul besoin. Il vous propose un petit 69 : carton Jaune, c'est-à-dire pourquoi pas, mais je n'en raffole pas.

• Le jeu de la vérité :

Chacun des amants pose une question indiscrète sur ses goûts et dégoûts. L'autre sera d'autant mieux disposé à répondre de manière sincère que les règles du jeu stipulent qu'il pourra lui aussi en poser une…

• La *check-list* :

Pas très romantique, mais très efficace. Il s'agit de constituer un grand tableau de toutes les pratiques possibles et imaginables, en les détaillant pour chacun des partenaires, y compris en ce qui concerne leur comportement : « j'aime dire des mots très cochons pendant l'amour », « j'aime qu'on caresse mon anus pendant la fellation/cunnilingus », etc. Le tableau est divisé en deux grandes parties, l'une pour ELLE et l'autre pour LUI. Chacune de ces parties reprend l'ensemble des propositions. Le partenaire concerné coche les propositions auxquelles il souscrit pour lui, mais aussi dans la partie de l'autre, s'il cautionne au non les pratiques choisies par son partenaire. Par exemple LUI a coché « j'aime dire des phrases cochonnes », mais ELLE n'apprécie pas et donc n'a pas coché cette proposition de son côté à lui.

L'aspect ludique de cette méthode, c'est qu'elle est évolutive. Chacun peut modifier ses choix à sa guise, et faire parvenir à l'autre le tableau de ses « envies » ou « refus » nouveaux.

Semaine 3

a) Comment bien se servir d'un préservatif ? ♥♥

Lorsqu'on démarre une relation sexuelle, même régulière, le préservatif est de rigueur, nous le savons tous. Au moins jusqu'au terme des trois mois, qui permettront d'effectuer ensemble un test de dépistage HIV et, selon le résultat, de faire l'amour sans protection. En attendant, il va donc falloir composer avec le petit morceau de latex.

1- Effectuez tout d'abord un rapide contrôle de la capote. En particulier si vous ne l'avez pas achetée vous-même. Vérifiez la date de péremption, ainsi que la présence du label NF.

2- Ensuite, détail qui a son importance, le pénis doit être en pleine érection. Si ce n'est pas le cas, le préservatif risque de vriller, voire de quitter la verge lors de la pénétration.

3- Avec le pouce et l'index, faites glisser le préservatif vers un côté, à l'intérieur de l'étui encore fermé, pour éviter de le pincer en déchirant l'emballage.

4- Ouvrez l'étui avec la pulpe de vos doigts et non avec vos ongles. Même s'ils sont bien entretenus, ils peuvent déchirer la surface du préservatif. N'utilisez jamais vos dents ou des outils contondants pour l'ouvrir. N'ouvrez pas non plus l'étui à l'avance, mais juste avant le rapport, afin que le préservatif ne risque pas de s'assécher.

5- Pour voir le sens dans lequel il doit être « enfilé », repérez le réservoir (qui doit pointer vers l'extérieur), mais fiez-vous aussi à la lubrification. Le préservatif doit être mieux lubrifié sur la surface extérieure, plus « grasse » au toucher.

6- Saisissez la pointe du réservoir entre le pouce et l'index, et posez le préservatif comme un chapeau sur le sommet du gland. S'il n'a pas de réservoir, pincez un bon centimètre à l'extrémité du préservatif et procédez de même.

7- Déroulez maintenant le préservatif avec deux doigts, lentement, jusqu'à ce que l'anneau atteigne la base de la verge. Ne vous arrêtez à mi-chemin en aucun cas. Si la capote ne se déroule pas correctement et semble se bloquer au bout de trois ou quatre centimètres, vous l'avez probablement posée à l'envers. Dans ce cas, surtout ne l'utilisez pas. Le liquide séminal déposé sur la surface du préservatif peut être porteur des mêmes infections que le sperme lui-même.

8- Si le préservatif est doté d'un réservoir, appuyez sur celui-ci avec le pouce et l'index pour en chasser la bulle d'air qu'il contient probablement. Cela aménagera un espace libre pour recueillir le sperme et minimisera les risques d'éclatement au moment de l'éjaculation.

9- Si votre partenaire n'est pas suffisamment lubrifiée, appliquez un gel à base d'eau, et en aucun cas un corps gras ou de la salive. À ce propos, évitez la petite « gâterie » qui consiste pour votre partenaire à dérouler le préservatif sur votre sexe avec sa bouche. Les risques de déchirures avec les dents sont très importants.

10- Pendant la pénétration, si votre érection devait faiblir (pas de panique, ça arrive à tout le monde !), n'insistez pas. Retirez-vous immédiatement et ôtez le préservatif. Si le rapport dure longtemps, ôtez ce préservatif et utilisez-en un neuf en reprenant tout depuis l'étape n° 1.

11- Après l'éjaculation, retirez-vous sans attendre la fin de l'érection. Pour ce faire, placez deux doigts sur la bague à la base du préservatif et pressez-le fermement, pour éviter qu'il ne demeure dans le vagin ou n'y verse son contenu.

12- Une fois le préservatif retiré de la verge, faites un nœud avec la capote usagée, juste sous la bague. Puis jetez-la tout de suite à la poubelle.

Rappelons à ce propos que le préservatif est évidemment à usage unique. Cela signifie un à chaque rapport, même si vous faites plusieurs fois l'amour au cours de la même soirée. Idem si vous changez de pénétration, passant de la bouche au vagin, ou du vagin à l'anus et réciproquement.

b) Que doit-on espérer d'une première fois avec son partenaire ? ♥

Franchement ? Pas grand-chose. Surtout si vous éprouvez pour la personne en question des sentiments plus profonds que l'envie d'en faire votre « quatre heures ». Avoir des sentiments, c'est tout simplement avoir conscience qu'il y a là, avec cette personne précise, un enjeu particulier, et qui vous dépasse. Et cet enjeu a pour effet le plus classique de vous inhiber.

Coincé entre la volonté de bien faire et la peur de choquer, la plupart des hommes et des femmes, même s'ils sont plutôt libérés, se révèlent d'assez piètres amants lors de cette fameuse « première fois ».

Ne pas sacraliser cette « première fois ».

D'ailleurs, les couples qui vivent depuis plusieurs années ensemble et qui continuent à avoir une sexualité épanouie sont formels : ça n'a été qu'en s'améliorant. Vous ne devez donc surtout pas considérer votre première relation sexuelle comme un sommet après lequel vous courrez durant toute votre relation. C'est exactement le contraire. La première fois n'est que le « camp de base » de votre ascension commune. Mais pour démarrer du bon pied, voici un « paquetage » minimum.

• Les 3 choses à ne jamais exiger la première fois

Absolument tout voir de l'autre : même si découvrir son anatomie est un préalable essentiel, cela ne peut se faire en une fois. Tout découvrir de l'autre, de son corps, de son sexe, dès la première fois, c'est aussi lui enlever une part de son mystère, et donc de son attrait.

Une position inhabituelle : votre partenaire aura l'impression que c'est votre pain quotidien et qu'il ou elle n'est pas à la hauteur. Gardez ce genre de petite fantaisie pour plus tard.

La sodomie : c'est la pratique tabou par excellence chez les couples hétérosexuels, et la proposer d'emblée, qu'on soit homme ou femme, est généralement très mal perçu.

- Les 3 choses à ne pas refuser la première fois (sauf blocage réel)

Une caresse bucco-génitale: sauf dégoût viscéral, oubliez vos règles strictes du type « Jamais la première fois », et montrez-vous généreux. Fellation ou cunnilingus sont sans doute les caresses les plus appréciées de chacun des deux sexes. En la prodiguant, vous prouvez que vous en avez conscience, et qu'elle fait pour vous partie du bagage minimum de la relation.

L'obscurité: la plupart des femmes l'exigent la première fois, histoire de ne pas se livrer à 100 %. Accordez-leur cette pudeur temporaire, messieurs, mais sachez aussi leur dire que vous en avez assez, si cela doit perdurer.

La parole: à moins qu'il s'agisse d'entendre l'autre évoquer ses mille et une conquêtes passées, ne refusez pas le dialogue sur votre sexualité. Les bonnes habitudes ne se prennent jamais trop tôt…

PROGRAMME 2 : LE COUPLE « DÉSÉQUILIBRÉ »

Semaine 1

a) Avoir une relation « laboratoire » ♥

Le but évident et avoué de ce rapport sexuel est de consigner tout ce que vous pouvez observer sur votre comportement comme sur les réactions de votre partenaire. Pour que l'expérience demeure probante, et que vous ne soyez pas inhibés par les circonstances, évitez de dissocier la phase « rapport » de la phase « compte-rendu ». Si vous deviez vous arrêter toutes les deux minutes pour noter une impression, cela n'aurait plus rien de « réaliste ».

Conservez juste bien en tête, durant tout le rapport, que l'objectif de cette relation est moins de parvenir au plaisir à tout prix, que de comprendre ce qui va ou ce qui ne va pas dans vos échanges.

1- Faites l'amour comme vous avez l'habitude de le faire, ni plus ni moins. Ne vous mettez pas à sortir de votre chapeau une pratique peu habituelle pour infléchir le résultat final. Idéalement, si vous possédez une caméra vidéo, et que la perspective ne vous choque pas – après tout, c'est une démarche expérimentale, donc scientifique! –, placez-la sur un trépied dans la chambre, et faites-la tourner durant toute la séance, en cadrant assez large pour ne rien manquer.

2- Quelques minutes après la fin de vos effusions, prenez chacun vos notes et faites-en un tableau qui passe en revue les différentes phases et pratiques « ordinaires » de vos échanges.

Quelques exemples de pratiques		
• Baisers	• Caresses sur le corps	• Caresses sur le sexe
• Cunnilingus/fellation	• Position n° 1	• Position n° 2
• Position n° 3	• Orgasme	• Repos

Pour chacune de ces phases, donnez une note de 0 à 5 aux indicateurs suivants:

Durée … Précision/Dextérité … Douceur … Plaisir ressenti …

Indiquez les éléments qui ont pu contrarier votre plaisir, y compris dans le comportement de votre partenaire, ou ceux qui ont pu au contraire en faire une expérience particulièrement agréable.

3- Échangez vos feuilles et comparez avec les résultats de votre partenaire. Les catégories équivalentes et pour lesquelles vous avez tous deux mis une note inférieure ou égale à 2 méritent de toute évidence d'être traitées en priorité.

Si vous avez réalisé cette vidéo témoin, regardez-la maintenant. Arrêtez-vous à chaque phase type et reprenez vos propres commentaires. Si vous le souhaitez, notez alors d'autres choses qui vous sautent aux yeux.

b) Se masturber devant son partenaire ♥♥

Nous l'avons dit, les femmes rechignent en moyenne plus que les hommes à ce genre de pratiques. Elles en seraient pourtant les premières bénéficiaires! Le meilleur moyen de faire passer la chose est de ne pas la dissocier du rapport lui-même. Si il ou elle résiste, dites-lui que vous pourrez appliquer immédiatement ce que vous aurez vu. Et faites-le. Vous remarquez par exemple qu'elle se masturbe en soulevant à intervalles réguliers le capuchon de son clitoris vers le haut? C'est une indication précieuse. Et à condition de le faire avec autant d'application qu'elle, vous pouvez lui proposer d'essayer juste après elle. Démonstration, action!

Si il ou elle résiste toujours, et que vous en avez le courage, lancez-vous! Toute personne normalement constituée est fascinée par le spectacle d'un autre que lui-même en train de se masturber. Et c'est le but: qu'en vous voyant faire, l'autre apprenne à vous prodiguer des caresses aussi douces que celles que vous vous offrez vous-même.

Loin de se moquer de vous, il ou elle vous proposera au moins de participer à votre petit plaisir.

Outre la somme de connaissances que cela vous apporte sur le fonctionnement de votre partenaire, la masturbation devant l'autre est un facteur très important de complicité future. En vous livrant de la sorte, vous admettez l'autre au cœur de votre intimité. Votre homme ou votre femme n'est plus cet « étranger » qui prend possession de votre corps, ou « subit » vos assauts, mais bien un « partenaire » au sens propre du terme, avec qui vous partagez les mêmes secrets et les mêmes objectifs.

Semaine 2

a) Cunnilingus et fellation parfaits en 10 étapes ♥♥

Lorsqu'il y a déséquilibre sexuel dans un couple, c'est bien souvent que l'un donne moins que l'autre, ou plus exactement que l'un a la sensation de recevoir moins que l'autre. Or, la générosité même en matière de sexualité, c'est le sexe oral. Rien pour soi, tout pour l'autre. Il suppose en outre de se pencher sur son sexe, de littéralement se soumettre à son désir, à son plaisir. Il ne peut raisonnablement y avoir accord sexuel durable dans un couple si chacun n'accorde pas à l'autre cette « gâterie » – le mot est bien choisi, il s'agit bien de gâter l'autre – de temps à autre et sans se faire prier. Et surtout, sans arrière-pensée. Car la condition *sine qua non* d'un cunnilingus ou d'une fellation réussi… c'est d'aimer ça. À contrario, et toute femme ou tout homme un peu sincère pourra vous le confirmer, rien de plus désastreux que quelqu'un qui vous concède ce petit privilège à reculons. Et pour aimer cela, il faut le faire souvent.

- <u>Le cunnilingus</u>

1- Non monsieur, on ne se rue pas sur le clitoris ! Ce n'est pas un sprint. Contrairement à ce que vous semblez penser le plus souvent, vous avez tout le temps. Alors commencez donc par quelques caresses manuelles sur les zones sensibles que vous avez identifiées (semaine 1, exercice 3).

2- Ce n'est pas parce que votre langue va être occupée que vous êtes soudain muet. Alors demandez-lui la position dans laquelle elle préfère recevoir votre hommage. Certaines femmes préfèrent être debout, dominatrices ; d'autres allongées, plus offertes. Si elle vous laisse le choix, préférez cette dernière plus confortable.

3- À propos de votre langue, ne la pointez pas comme une flèche, l'effet est désagréable. Ne léchez pas non plus en allongeant la langue comme s'il s'agissait d'humecter un timbre ou une enveloppe. Sortez juste ce qu'il faut de langue et imaginez qu'elle est aussi fine et précise que celle d'un chat.

4- La lubrification naturelle n'est pas toujours suffisante au début de la manœuvre. Humectez donc largement votre langue et, ce faisant, l'ensemble de la vulve par quelques balayages généraux.

5- Bas les pattes ! Évitez d'ajouter des doigts encombrants dans le débat. Ne cherchez pas à écarter les lèvres avec ceux-ci, c'est plutôt désagréable. Si vous souhaitez « faire le ménage », faites-le avec votre langue.

6- Il n'y a pas de miracle en la matière, seuls le rythme et la régularité comptent. La première fois, essayez diverses manières de stimuler le capuchon de son clitoris avec votre langue : en le léchant de bas en haut, en faisant un mouvement circulaire tout autour (plus ou moins large), en le « boxant » avec votre langue de gauche et de droite, en l'aspirant doucement avec l'extrémité de vos lèvres… Une fois la bonne technique trouvée (elle devrait le manifester de manière sonore), surtout n'en changez pas en cours de séance. Continuez de la même manière, aussi longtemps qu'elle le demande…

7- Le plaisir féminin n'a rien d'immédiat ou d'automatique. Le moindre événement parasite peut tout faire retomber comme un château de cartes. Il faut donc être patient. En moyenne, un cunnilingus fait avec application amène à l'orgasme en une dizaine de minutes, parfois plus, parfois moins…

8- Contrairement aux hommes, les femmes n'ont pas besoin que la manipulation qui est ainsi faite de leur clitoris augmente en intensité ou en vitesse. Quand vous sentez qu'elle vient, ne soyez donc pas soudain plus rapide ou plus brusque. Demeurez doux et régulier.

9- Pendant ce temps vos mains ont pu se balader tout à loisir sur son corps : seins, fesses, ventre, visage, bouche… Au moment où elle jouit, vous pouvez essayer d'introduire un doigt (le majeur) dans son vagin. Certaines femmes apprécient, d'autres non, auquel cas elle repoussera poliment votre main.

10- Quant à la conclusion, il y a là aussi deux écoles : celles qui se rétractent et ne supportent plus qu'on les touche ; et celles qui apprécient au contraire qu'on continue à les caresser, voire qu'on poursuive le travail de la langue pour les amener à un second orgasme consécutif.

• La fellation

1- Trop de femmes imaginent que la fellation est un préliminaire comme un autre, un passage obligé et un peu barbant, alors même qu'elles attendent qu'on leur prodigue des cunnilingus inoubliables. Il n'en est rien. La fellation est souvent perçue par les hommes comme le summum absolu, parfois plus agréable même que le coït. L'enjeu n'est donc pas négligeable…

2- De fait, comme les femmes n'aiment pas qu'on se précipite sur leur « clito », les hommes aiment qu'on les caresse un peu avant d'avaler leur membre.

Massage délicat du scrotum, mains baladeuses sur la verge… tout cela doit avoir pour but d'amener à une érection parfaite.

3- Contrairement au cunnilingus, la fellation a ceci de pratique qu'elle peut se faire dans à peu près toutes les positions. En découle un appétit évident de l'homme pour la variété. Allongé, il s'abandonne. Debout, il vous soumet. Assis, il jouit d'une vue parfaite.

4- La vue, parlons-en. Elle est pour lui indissociable du plaisir qu'il y prend. Il doit pouvoir voir, et vous voir. Évitez donc de cacher votre bouche ou son sexe avec vos mains. Dans le même ordre d'idée, la fellation dans le noir est pour lui un pis-aller peu satisfaisant. Si vous voulez accroître encore son excitation, ne fermez pas les yeux, et relevez au contraire votre regard vers lui.

5- Commencez par décalotter doucement son gland et donnez-lui de petits coups de langues, comme si vous suciez une sucette. C'est là que son plaisir se joue, pas sur la hampe. Si son sexe vous échappe, tenez-le délicatement d'une main à sa base.

6- Arrêtez un instant et caressez-le à nouveau, sur le scrotum, le périnée, le torse… En interrompant ainsi la fellation vous mettez son excitation à son comble et accroissez la sensibilité de son sexe.

7- Ne soyez pas cruelle, continuez en prenant cette fois son gland entre vos lèvres. Faites-le pénétrer très lentement dans votre bouche, dans un mouvement de va-et-vient très régulier. Augmentez légèrement la cadence. Inutile de prendre la totalité de la verge dans votre bouche. Les zones les plus sensibles sont concentrées dans son gland, et avaler 15 cm de pénis peut être parfois désagréable pour vous. S'il insiste, essayez juste une fois pour voir si vous le supportez ou non. Certains hommes assortissent cette exigence d'une pression de leur main sur votre tête. À vous de voir là aussi si vous le supportez. Pour contrôler quelle longueur de pénis entre dans votre bouche, empoignez-le d'une main.

8- À chaque pénétration de son sexe dans votre bouche, effectuez un mouvement de balayage circulaire de votre langue sur son gland. Surtout habituez-vous à rentrer au mieux les dents. Tout contact de celles-ci avec le gland serait très douloureux pour lui.

9- Pour faire durer le plaisir, arrêtez un instant, léchez la hampe de son sexe comme on lèche les côtés d'un cône dont la glace fond, puis reprenez. Si vous sentez qu'il va jouir, ne changez plus de technique et accélérez légèrement le va-et-vient dans votre bouche. Une bonne fellatrice peut faire venir un homme à l'orgasme en moins de 5 minutes, montre en main.

10- Voici venu le moment du grand dilemme : avaler ou pas. Rien ni personne ne peut vous y contraindre. Si vous ne le souhaitez pas, évitez de le laisser éjaculer dans votre bouche. Il n'est pas très plaisant, ni pour vous ni pour lui, de vous voir recracher son sperme. Dans le cas contraire, avalez le sperme sans grimace ou mouvement de dégoût. Rien de plus vexant !

b) Lutter contre l'éjaculation précoce ♥♥

Voilà un facteur classique de mésentente horizontale. Est éjaculateur précoce un homme qui ne peut retenir l'éjaculation après quelques va-et-vient, voire au moment même de la pénétration. Aucune honte à avoir puisque 4 hommes sur 10 environ en souffrent. D'ailleurs, tous les cas ne nécessitent pas nécessairement de consulter un spécialiste. Fruit du stress, de la fatigue, et surtout de la peur de ne pas satisfaire sa partenaire, l'éjaculation précoce peut se prévenir au quotidien grâce à quelques techniques simples.

• La masturbation :
Cela semble une lapalissade, mais se masturber une petite demi-heure avant un rapport permet de retarder de manière notable le moment de l'éjaculation. Car la « seconde fois » prend toujours plus de temps que la première.

• Le retrait :
Pas toujours facile à accepter quand on est dans le feu de l'action, mais un moyen pourtant très efficace. Dès que vous sentez le plaisir venir, retirez-vous immédiatement. Profitez de cette pause, de 30 secondes à 1 minute au moins, pour caresser votre partenaire. Lorsque vous sentez votre érection diminuer, reprenez le coït et répétez cette alternance autant de fois que nécessaire, en moyenne 3 ou 4 fois avant l'éjaculation.

• La pression :
Lorsque vous sentez l'orgasme pointer son nez, retirez-vous partiellement et pressez fermement votre pénis, juste sous le gland, entre le pouce et l'index. Maintenez votre pression une vingtaine de secondes, jusqu'à ce que vous sentiez la vague de plaisir refluer.

• La distraction :
L'éjaculation précoce intervient quand l'excitation est trop forte. Elle se joue en grande partie dans la tête. Pour faire redescendre temporairement cet embal-

lement excessif, efforcez-vous de penser à quelque chose de résolument pas sexy: vos comptes, un problème de boulot, ce que vous avez mangé à midi, etc.

Semaine 3

a) Les positions qui stimulent le plus chaque sexe ♥♥

L'erreur fatale que font bien des couples, c'est d'imaginer qu'en matière de sexualité, les positions sont l'alpha et l'oméga. Pire, que certaines d'entre elles seraient bonnes a priori pour leur plaisir conjugué. Or une position n'est rien si elle n'a pas été précédée des bons préliminaires, c'est une chose admise. Mais surtout, telle position agréable pour elle l'est souvent beaucoup moins pour lui, et réciproquement. Et ce pour une raison toute simple:

> **Hommes et femmes, nous ne jouissons pas de la même manière.**

Pour avoir du plaisir, un homme doit ressentir son gland complètement enveloppé et frotté contre les parois du vagin (ou d'un autre orifice). Pour jouir, une femme… n'a pas spécifiquement besoin de pénétration ! Mais surtout d'avoir son clitoris stimulé. Or, ce dernier est placé de telle manière que rares sont les positions du coït où il fait l'objet d'un frottement agréable.

Puisque les deux approches semblent presque irréconciliables, mieux vaut se concentrer sur le plaisir de l'un PUIS de l'autre, en oubliant cette chimère qu'est l'orgasme simultané. Voici donc la liste des trois positions les plus agréables pour chacun des sexes. Et surtout n'oubliez pas que, pour chacune d'entre elles, celui des deux qui se « sacrifie » a toujours d'autres ressources pour atteindre lui aussi son plaisir…

- Le top pour les femmes :

Amazone (elle à califourchon sur lui) : en basculant plus ou moins son bassin, elle peut obtenir une stimulation assez intéressante de son point G. Mais surtout, les deux partenaires ont les mains libres. Libres de caresser l'autre tout à loisir, à commencer par le clitoris de madame.

Accroupie : une variante de la position précédente, puisqu'il s'agit pour la femme de s'asseoir sur le sexe de son partenaire, en position accroupie, jambes repliées et genoux relevés. Cette position offre une pénétration très profonde, qui permet aussi au vagin d'envelopper complètement le pénis. Idéal pour celles qui apprécient les massages vaginaux intenses. Elle dégage, en outre, parfaitement le clitoris pour une caresse complémentaire.

Face à face : tous deux allongés sur le côté et face à face, l'une de ses jambes à elle reposant sur sa hanche à lui. Cette position peu spectaculaire implique néanmoins une pénétration peu profonde et un angle qui permet au pénis de frotter le clitoris de manière très efficace.

• Le top pour les hommes :

Levrette : c'est la position qui affole la plupart des hommes. Outre la pénétration très profonde qu'elle procure, elle offre à l'homme un sentiment de domination exaltant, et une vue imprenable sur le fessier de sa partenaire. Attention toutefois, elle est si stimulante qu'elle a tendance à accélérer l'éjaculation.

Allongée sur une table (et lui debout) : une position très agréable car elle permet à l'homme de contrôler de manière très précise sa pénétration. La sensation d'enveloppement du pénis par le vagin est parfaite.

Pieds par-dessus tête : elle sur le dos, lui sur elle et ses jambes à elle redressées jusqu'à poser ses talons sur ses épaules à lui. Variante extrême de la célèbre « missionnaire », elle offre sans doute la pénétration la plus profonde de toutes les positions. Attention, donc, à éviter les mouvements de va-et-vient trop brusques. Sentiment de possession totale assuré pour l'homme.

c) Que faire quand l'un atteint l'orgasme, et pas l'autre ? ♥♥

Une règle absolue : ne laisser personne sur sa faim. Rien de pire que le rapport qui se termine par le sacrifice du plaisir de l'un à celui de l'autre. Mais la plupart du temps, celui des deux qui est « lésé » (plus souvent la femme, il faut avoir le courage de le reconnaître), n'ose pas réclamer son « dû ». D'ailleurs, quand il ou elle le fait, cela est souvent perçu par l'autre comme un reproche sur sa capacité à le/la faire jouir.

Ainsi, pour éviter tout drame de ce genre, vous qui venez de jouir en solo, ayez systématiquement le réflexe de proposer à votre partenaire un petit supplément érotique pour le ou la satisfaire. Alors, sans insister avec des mots, prenez les devants. L'idéal est de lui prodiguer cunnilingus ou fellation… mais nombreux sont les hommes et les femmes qui répugnent à s'adonner à ce genre de sport sur un sexe « qui vient de servir ». Ils trouvent cela subitement « sale ». Si tel est votre cas, le minimum que vous pouvez faire pour le partenaire qui vient de vous faire jouir, c'est de le masturber avec douceur et attention.

Je sais, quand on vient soi-même de grimper aux rideaux, on n'a pas toujours la patience nécessaire. Cela suppose donc de prendre un tout petit peu sur soi. Mais dites-vous bien qu'en agissant de la sorte, vous œuvrez aussi pour vous ! Eh oui, si votre partenaire sort régulièrement insatisfait de vos rapports, il n'y reviendra qu'avec peu d'enthousiasme. En revanche, il sera beaucoup plus facile de le convaincre si le plaisir est au rendez-vous chaque fois ou presque, quel qu'ait été le moyen employé pour y parvenir.

La sexualité est une course à deux voitures.
Si on veut éviter la panne, il faut mettre du carburant dans les deux véhicules !

Enfin, retenez mesdames que les hommes traversent, après avoir joui, une période réfractaire (environ 15 à 30 minutes), pendant laquelle ils ne parviennent pas à une érection satisfaisante, et ressentent comme douloureux tout contact sur leur gland. À l'inverse, messieurs, ne soyez pas égoïstes, et souvenez-vous que bon nombre de femmes sont capables d'avoir des orgasmes successifs rapprochés. Après qu'elle ait joui, essayez donc de la caresser à nouveau, en commençant par une caresse légère du capuchon clitoridien. Si elle refuse, c'est qu'elle connaît comme vous une période de repli. Si elle se laisse faire, c'est qu'elle aspire à ce petit bonus que la nature lui a permis.

PROGRAMME 3 : LE COUPLE « ABSTINENT »

Semaine 1

a) La magie des lubrifiants ♥♥

Un couple abstinent est le plus souvent un couple à la sexualité « déséquilibrée » où chacun a radicalisé ses positions et où la communication ne passe plus. Le paradoxe, c'est que plus la situation semble bloquée, plus on trouve en amont des causes qui peuvent sembler, vues de l'extérieur, parfaitement anodines.

L'une de ces causes les plus classiques est la sécheresse vaginale. De manière épisodique, elle peut toucher presque toutes les femmes, tant les causes sont banales : préliminaires trop courts, absence de désir etc. Mais une femme sur six environ est affectée de manière durable. Et, contrairement à une idée reçue, cela ne concerne pas seulement les femmes ménopausées (50 ans et plus). Sur ce total, 83 % d'entre elles réduisent leur activité sexuelle à cause de ce phénomène, et 5 % arrêtent purement et simplement toute sexualité.

Pourtant, sans aller jusqu'à des thérapies ou des traitements hormonaux, des solutions simples et très efficaces existent. La plus accessible est le gel lubrifiant intime. Vendu sans ordonnance, autour de 8 à 10 € le flacon en moyenne, il offre un pouvoir glissant supérieur aux sécrétions vaginales naturelles. Une noisette à l'entrée du vagin ou répartie sur le pénis du partenaire, et le tour est joué. Et pour ceux qui trouvent son emploi trop clinique à leur goût, sachez qu'il existe depuis peu des versions chauffantes.

Le lubrifiant n'est plus un produit pharmaceutique ordinaire, mais un véritable *sex toy*, que vous pouvez ajouter à la panoplie des accessoires dédiés à votre plaisir.

b) Douleurs et anomalies : consultez ! ♥

Il y a les troubles légers ou passagers… et puis il y a ceux qui durent. On comprend que ceux qui en souffrent mettent souvent un couvercle pudique et silencieux sur leur sexualité. Tout ce qui touche à nos organes sexuels est particulièrement sensible, psychologiquement parlant. Mais si un désagrément ou même un doute quelconque vous interdit toute sexualité pendant plusieurs semaines, c'est qu'il est temps de consulter un généraliste, puis peut-être un spécialiste.

Rassurez-vous. La plupart des affections génitales sont bénignes. Il n'y a donc aucune raison de paniquer, mais toutes les raisons de les soigner pour recouvrer une activité sexuelle pleine et satisfaisante. S'il s'agit d'une MST, sachez que, hormis le sida (qui ne se manifeste pas directement sur les organes génitaux), quasiment toutes les affections se soignent grâce à des traitements antibiotiques. Vous trouverez ci-dessous quelques-unes des principales manifestations ou sensations qui devraient vous convaincre de prendre l'avis d'un médecin sans plus tarder.

Incitons ici tout particulièrement les hommes à prendre au sérieux ce type de signaux. Les femmes, elles, habituées à être suivies par un gynécologue, sont généralement plus vigilantes.

- Chez lui:

– J'éprouve une douleur à la base du gland ou sur la hampe à chaque va-et-vient lors du coït

– J'observe un écoulement inhabituel de mon pénis, même lorsque je ne suis pas excité

– J'observe une courbure inhabituelle de mon sexe quand je suis en érection
– Je ressens une douleur fulgurante lorsque j'urine
– J'ai l'impression que mon sexe est tordu de manière douloureuse pendant la pénétration
– J'observe de gros boutons rouges ou de petites plaques sur ma verge
– Je ressens une douleur forte lorsque mon sexe se décalotte
– Je ressens une douleur forte au niveau du frein pendant le coït.

• Chez elle :

– J'observe une perte vaginale inhabituelle (période anormale, couleur, etc.)
– J'observe un saignement après les rapports
– J'éprouve une douleur vaginale lors des rapports
– J'éprouve une démangeaison dans toute la région de la vulve
– J'observe une odeur plus forte se dégageant de mon sexe
– J'éprouve une douleur fulgurante lorsque j'urine
– J'observe des verrues ou des sortes d'ampoules qui apparaissent sur la vulve et/ou à l'entrée du vagin.

Semaine 2

a) Il n'y a pas de norme en terme de fréquence ! ♥

Finissons-en une fois pour toutes avec les statistiques sur la fréquence des rapports sexuels. Comment peut-on raisonnablement prendre au sérieux les déclarations des hommes et des femmes sur le sujet ? Comment peut-on imaginer qu'ils n'en rajoutent pas une louche ou deux, histoire de ne pas paraître les « mal baisés » du lot ? À moins de placer des détecteurs sonores dans les chambres à coucher, je ne vois pas bien comment obtenir des résultats fiables… Alors, avant de leur tordre définitivement le cou, voici quelques chiffres :

- Les Français déclarent faire l'amour en moyenne 140 fois par an (variation selon les années, 137 en 2004)
- Les couples de moins de deux ans font l'amour en moyenne 3 fois par semaine
- Les couples de plus de cinq ans font l'amour en moyenne 1 à 2 fois par semaine

Bon alors, vous faites beaucoup plus, beaucoup moins ? La belle affaire. Personne ne vous donnera ni médaille ni blâme. Je sais, c'est difficile à admettre, mais le sexe est avant tout une affaire de désirs qui se rencontrent. Et dans la vie, la vraie vie, pas celle des magazines féminins, cela n'a rien d'évident que deux désirs se rencontrent. Il faut savoir dépasser le stress, la fatigue, les soucis, la présence des enfants, les maladies diverses, les ratés des fois précédentes… et j'en passe.

Tout cela plaide pour un même leitmotiv : agissez ! Car, une fois passé les premiers mois de découverte sexuelle, les chances que le désir apparaisse spontanément sont vraiment très minces, il faut bien le reconnaître… Il ne s'agit pas de se forcer, mais de susciter les choses. Et là, je ne vais pas vous aider à décomplexer, mais c'est un fait avéré : le sexe, c'est comme la nourriture, plus on le fait plus on en veut. Et inversement… En clair, le but à atteindre est moins un nombre supposé « normal » de rapports par semaine ou par mois, qu'un plancher sous lequel il ne faudrait pas descendre, sous peine de « gripper » la machine.

L'erreur que font la plupart des couples abstinents : confrontés à un problème, ils l'ont laissé envahir toute leur intimité, et sont passés sans même s'en rendre compte sous la barre fatidique.

Mais alors, où donc faut-il le fixer, ce satané plancher ? La règle est simple : au plus bas, à la moitié de votre rythme de croisière. Par rythme de croisière, j'entends la fréquence à laquelle vous étiez parvenus naturellement, après la phase d'euphorie initiale. Si vous « le faisiez » deux fois par semaine, vous ne devriez donc pas descendre à moins d'une fois par semaine. En deçà, vous risqueriez de décrocher, comme on le dit d'un avion qui n'a plus de portance dans l'air. Vous voyez ainsi qu'il n'y a pas UNE norme, mais bien VOTRE norme, que chaque couple fixe selon ses besoins, et surtout son histoire commune.

b) Feindre le plaisir… pour stimuler le désir ? ♥♥

Nous venons de l'évoquer, pas toujours facile de synchroniser l'éveil du désir chez les partenaires. Il arrive donc, chez les femmes comme chez les hommes, que l'on consente à son « chéri » un rapport sexuel sans en avoir a priori une énorme envie. Cet « effort » en appelle souvent un autre, nettement plus tabou… la simulation. Les femmes n'imaginent même pas que leur homme puisse simuler le plaisir, et les hommes préfèrent ne pas y penser. D'un côté comme de l'autre, lorsqu'on évoque cette possibilité, le rejet est unanime : « Non, pas avec moi, c'est impossible, je sais quand il/elle jouit ou non ». Grossière erreur, car il n'y a pas meilleur comédien que celui ou celle qui cherche simplement à « faire plaisir » à son conjoint. Mais nous voilà en plein faux débat. Le problème n'est pas de savoir si cela existe ou non (la réponse est oui), mais si cela est à ce point répréhensible.

Et là, avec sans doute un peu plus de nuances, la réponse est non. Si elle ne fait pas l'objet d'un recours systématique, et surtout si elle n'est pas là pour cacher la misère d'une absence totale d'orgasme, la simulation n'est pas un mal en soi. D'ailleurs, plutôt que de parler de simulation, on préférera parler d'emphase. Il s'agit juste de donner un peu plus de retour à son partenaire, de « surjouer » légèrement les sensations agréables que l'on ressent bel et bien. Si le rapport est vraiment désastreux, voire douloureux, il serait stupide de faire croire que vous venez de prendre un pied total.

La « simulation » apparaît plus comme ce fameux «carburant » qui entretient l'envie de faire l'amour.

Si votre partenaire a l'impression que vous ne ressentez rien, sa première réaction ne sera pas de remettre en cause VOTRE capacité à jouir, mais bien SA capacité à vous faire jouir. Sans le bercer d'illusions, l'entretenir dans l'idée qu'il ou elle est un « bon coup » est encore le meilleur moyen qu'il ou elle le devienne de manière effective!

Semaine 3

a) Caresses et jeux érotiques préliminaires ♥♥

Les préliminaires qui ne font pas intervenir les zones génitales sont tout désignés dans le cadre d'un travail de refondation. Comme deux voisins qui se croisent tous les matins dans l'escalier mais qui s'ignorent, les amants abstinents ont des points communs, mais que les préjugés et le poids des habitudes ont enfoui totalement. La communication est rompue. Il va falloir les faire affleurer de nouveau.

• <u>Évaluer sa réactivité</u>:

En improvisant un strip-tease, ou mieux encore en faisant de lui ou d'elle son metteur en scène, vous serez fixé(e) sur sa capacité à se mobiliser et à recouvrer, plus ou moins rapidement, un attrait pour les jeux sexuels que vous pourrez lui proposer. Une autre façon, plus soft, consiste à laisser traîner ostensiblement un magazine (féminin) comportant un gros titre ayant trait à la sexualité. Pas difficile, il y en a tout le temps ! Voyez si il ou elle le lit. Dans tous les cas, réagissez vous-même à haute voix au sujet évoqué dans ce papier, et observez sa réaction : indifférence ? agacement ? intérêt plus ou moins prononcé ?

• Identifier ses zones sensibles :

Proposez à votre partenaire une innocente séance de massage relaxant. Profitez de l'occasion pour appliquer un stimuli direct et puissant (plume, glaçon, caresse très douce, tissu soyeux délicatement promené…) sur les zones érogènes les plus communes. Observez sa réaction.

Chez la femme, essayez : la nuque, les oreilles, les lèvres, le sommet du crâne, le cou, les tétons, les reins, l'intérieur des cuisses, etc.

Chez l'homme, essayez : le nez, le lobe des oreilles, les tempes, le torse, le nombril, le bas des fesses, etc.

• Relooker l'autre :

Ou plus exactement, choisir son déshabillé. À l'occasion d'une banale séance de shopping, laissez carte blanche totale à votre partenaire pour choisir le sous-vêtement que vous porterez dans l'intimité. Revenus à la maison, proposez-lui de vous le passer et de l'ajuster sur vous. Ses gestes, sa façon de mettre votre corps en valeur, seront autant de messages.

b) Un enchaînement classique pour redémarrer ♥♥

Il serait stupide de résumer l'amour au plan de montage d'une commode. Et pourtant, c'est un peu ce que nous vous proposons ici ! Oh, bien sûr, cela n'a rien d'une formule magique. Cela ressemble peut-être même furieusement à ce que vous avez déjà pratiqué. Mais ressayez donc une fois encore, en suivant les étapes à la lettre… Ah, vous voyez !

1- Commencez par une petite séance de massage réciproque, d'une durée totale de 15 à 20 minutes (voir méthode du programme 4, en semaine 1, exercice n° 1)

2- Monsieur, poursuivez en pratiquant une caresse de la vulve sans vous concentrer pour l'instant sur le clitoris (voir méthode du programme 1, en semaine 2, exercice n° 1).

3- Toujours avec vos doigts, massez maintenant de manière plus précise la zone du capuchon (voir méthode du programme 1, en semaine 2, exercice n° 1). Pendant ce temps, placez-vous de telle manière qu'elle puisse vous prodiguer une fellation légère : petits coups de langues (comme une glace) à la base du gland et sur le frein. Ne vous lancez pas dans une 69.

4- Elle allongée sur le dos, les fesses au bord du lit, agenouillez-vous entre ses jambes et poursuivez votre action sur le capuchon du clitoris avec la langue, en décrivant des cercles de manière très régulière. D'une main, massez le globe de ses seins et effleurez de la paume le téton, qui doit normalement se durcir. Ne le pincez pas, ne le tirez pas.

5- Lorsque vous sentez son excitation monter (souffle plus court, cambrure accusée), pénétrez-la doucement, puis progressivement avec plus de vigueur. Pendant ce temps, posez la paume de votre main sur le bas de son pubis, en diagonale, et continuez avec votre pouce humecté de salive le mouvement circulaire sur son clitoris.

PROGRAMME 4 : LE COUPLE GUETTÉ PAR LA ROUTINE ET LE COUPLE DES « VIEUX AMANTS »

Si votre « sexe attitude » correspond à la catégorie « vieux amants », il va falloir mettre en pratique l'ensemble de ce programme.

Si vous n'êtes en revanche que « guettés par la routine », n'appliquez que les exercices marqués du symbole ❄

Semaine 1

a) ❄ Massages sensuels élémentaires ♥♥

L'un des travers les plus classiques des couples qui se pratiquent sexuellement depuis plusieurs années, c'est de résumer les rapports sexuels à une pure génitalité, et d'en oublier ce qui va avec. En un sens, ils sont presque plus impatients que les amants « novices ». Puisqu'on pense déjà tout connaître du corps de l'autre, on a tendance à croire – à tort – qu'il n'y a plus rien à découvrir. Et les amants de se précipiter sur le sexe de l'autre « parce que de toute façon c'est là que ça va se finir ».

En outre, ces mêmes couples se sont souvent installés dans un mode de vie peu propice à l'éclosion du désir. Après le stress d'une journée de travail, ou passée avec les enfants, les corps ne passent pas du mode « tension » au mode « détente » en quelques secondes. Ils ne sont pas disponibles, et le moteur sensuel qui ronronne en vous rechigne à démarrer.

Pourtant, et contrairement à une idée reçue, effectuer un massage relaxant et sensuel est à la portée de tous, et ne dure pas plus de quelques minutes. Vous trouverez ci-dessous un enchaînement simple, à pratiquer chaque fois (ou presque) que vous voulez faire l'amour. Allongez votre partenaire sur le ventre, sur le lit, nu(e) ou juste couvert(e) d'un slip ou d'une serviette nouée à la taille. Versez dans la paume d'une de vos mains l'équivalent d'une cuillère à soupe d'huile de massage, puis frottez-la entre vos mains pour la chauffer. Ne montez pas à cheval sur lui (ou elle), mais asseyez-vous plutôt sur le bord du lit le plus proche de son corps, votre hanche au contact de la sienne. Vous êtes prêt(e) ?

• Effleurez le dos :

Afin de réveiller doucement ses sensations, effleurez toute la surface de son dos du bout des doigts, de haut en bas, comme si vous étaliez de la farine sur un plan de travail. Après quelques passages, appliquez la paume de vos mains et répétez ainsi ce mouvement de manière très légère.

- Malaxez la nuque :

Les tensions sont souvent concentrées dans le haut du dos et la nuque. Vos mains posées sur ses clavicules, faites de petits mouvements circulaires avec vos pouces sur les muscles de part et d'autre de la nuque, en remontant vers cette dernière. Allez-y doucement, la zone est très sensibles et vos pouces des outils très puissants. Sans toucher les vertèbres (au centre), remontez le long de la nuque et, si la personne apprécie, massez-lui le sommet du crâne de la pointe de vos doigts, comme lors d'un shampoing.

- Pétrissez le dos :

En remontant le long de la colonne vertébrale, de bas en haut, mais sans jamais la toucher, effectuez de petits cercles avec vos doigts. Lors du passage suivant, appliquez vos paumes et mettez un peu plus de poids dans le mouvement. Finissez-le en faisant glisser vos mains étendues de toute leur longueur, toujours placées de chaque côté de la colonne, et toujours de bas en haut.

• Tapotez les jambes et les fesses:

Consacrez-vous maintenant à la partie basse de son corps, en tapotant l'arrière de ses jambes et ses fesses avec vos quatre doigts réunis, comme si vous jouiez d'un tam-tam. Partez des chevilles pour remonter jusqu'aux fesses. Arrêtez-vous sur celles-ci et pétrissez-les d'un mouvement circulaire doux.

• Massez son corps avec le vôtre:

Pour achever cette petite séance, d'une durée totale de 5 à 10 minutes seulement, grimpez à califourchon sur ses fesses, en laissant vagabonder vos mains doucement sur ses cheveux, sa nuque, son dos. Puis allongez petit à petit votre torse sur son dos, sans faire peser tout votre poids, en le frottant doucement. Pour les hommes, la sensation du poids des seins sur leur dos est particulièrement agréable. Vous pouvez aussi accompagner cette conclusion plus sensuelle de quelques baisers très furtifs sur les zones les plus sensibles: base de la nuque, lobe des oreilles, derrière le pavillon, colonne vertébrale, naissance des fesses etc.

b) ❇ Communiquer ses fantasmes ♥♥

Le vrai problème avec les fantasmes, ce n'est pas d'en avoir – le contraire serait presque inquiétant – mais c'est que le concept même de fantasme est mal compris d'une majorité de personnes. Fantasme est trop souvent traduit par « envie », « désir », voire « programme ». Livrer ses fantasmes est donc délicat, car votre partenaire a tôt fait de prendre cela pour argent comptant. Or un fantasme est cette construction complexe produite par l'inconscient, qui en principe n'a pas pour vocation à être divulgué. Au même titre que les rêves, dont vous êtes en principe le seul spectateur.

La différence avec les fantasmes, c'est qu'ils ne projettent que des situations sexuelles (plus ou moins explicites) aussi choquantes qu'excitantes. Ils représentent les limites qu'a priori vous n'êtes pas prêt à franchir, et le simple fait d'être habité par de telles images génère d'ordinaire un sentiment de culpabilité. Culpabilité qui rend ces images plus excitantes. Car sans interdit, pas de plaisir, c'est bien connu.

Les fantasmes ont surtout pour fonction de redonner du piment à des actes (sexuels) devenus banals.

Quant à savoir si vous devez ou non les confier à votre partenaire, il n'y a pas de règle, mais du cas par cas. Si le fantasme en question met en scène votre partenaire, s'il n'implique pas directement d'autres personnes (surtout si elles sont connues de lui ou d'elle), s'il n'est ni violent ni aux antipodes de vos pratiques habituelles, alors oui vous avez tout à gagner à le lui raconter. Votre partenaire pourra se livrer à son tour et, parfois, cet échange pourra vous donner l'envie commune d'expérimenter des choses nouvelles (par exemple faire l'amour dans tel lieu, ou les yeux bandés, etc.). Si au contraire c'est une situation extrême, où vous prenez un plaisir à avilir ou à être avili, ou intégrant des pratiques radicales voire violentes, abstenez-vous.

Les propositions qui suivent au fil des semaines n'ont rien de répréhensible, tant qu'elles demeurent dans votre petit théâtre intérieur.

c) Organiser un week-end érotique ♥♥

L'effet pervers du temps et de l'habitude, c'est de gommer le relief des souvenirs. Les bons comme les mauvais. Il en va de même en matière de sexualité. Un couple qui se pratique depuis longtemps ne parvient plus à se souvenir de manière vivante, imagée, et pour tout dire excitante, les souvenirs de ses plus beaux ébats. Car il en a forcément, comme tout les autres couples…

> **Afin de palier cet effacement progressif,**
> **comme une bande vidéo qui se dégrade avec le temps,**
> **il va falloir réintroduire dans l'histoire du couple**
> **de nouveaux souvenirs agréables et stimulants.**

Il y a ce que certains psychologues du comportement appellent de bons « ancrages », c'est-à-dire des points de repère positifs que chacun va pouvoir faire revenir à la surface quand le besoin s'en fera sentir. Le meilleur moyen est de les fixer dans le cadre d'un moment vraiment privilégié : un week-end érotique.

Si vous le pouvez, échappez-vous un week-end complet, dans un lieu à distance raisonnable de votre domicile (100 à 200 km), et que vous ne connaissez pas. Louez une chambre d'hôtel agréable pour deux jours… et ne la quittez pas ! Débranchez vos téléphones portables. Prévoyez de vous faire servir tous vos repas dans la chambre, petit-déjeuner compris. Durant ces quarante-huit heures, ayez pour objectif unique de vous occuper l'un de l'autre, de vos corps : massages, faire un shampoing à son conjoint, raser sa barbe, épiler ses jambes, brosser ses cheveux, lui appliquer des crèmes, etc. Si vous ne faites l'amour qu'une ou deux fois, ce n'est pas grave. Profitez surtout de ces instants privilégiés pour refaire les exercices de la semaine 1 de votre programme.

Si vous en avez le courage, tenez un journal de bord écrit de votre week-end érotique, où vous noterez vos impressions, vos envies pour une prochaine fois, etc. Collez-y aussi des reliques de ce séjour, dont la simple vue sera évocatrice des moments magiques passés ensemble (pochette d'allumettes, photo de l'hôtel, etc.).

Semaine 2

a) ❄ Deux *sex toys* à tout faire ♥♥

Véritable phénomène de mode actuellement, les gadgets érotiques (ou *sex toys*) existent depuis… l'Antiquité grecque et égyptienne. À leurs détracteurs qui s'insurgent contre ce qu'ils considèrent comme une « mécanisation » du rapport sexuel, on rétorquera qu'ils sont moins des outils que des porteurs de scénarios érotiques, de véritables fantasmes incarnés. Et, de ce point de vue, aussi naturels qu'éternels. Tant que leur usage demeure contrôlé, limité et aussi partagé, il n'y a aucune honte à y recourir. Bien au contraire. Car les *sex toys* ont trois vertus essentielles qui peuvent, par leur apport ponctuel, permettre aux couples « usés » de retrouver un certain entrain :

– ils fixent le désir latent sur un objet « neuf »

– ils le démultiplient par leur aspect « *bigger than life* » (taille, performances, etc.)

– ils le transcendent en permettant de braver certains interdits.

Ainsi, sans verser dans des pratiques trop radicales, il est possible de pimenter singulièrement son quotidien sexuel grâce à quelques « jouets » des plus basiques. Nous en avons retenu deux, qui présentent l'avantage d'être aussi excitants pour elle que pour lui.

• Le vibromasseur :

Créé accidentellement par un médecin anglais à la fin du XIXe siècle – il pensait traiter l'hystérie féminine par un massage mécanique de la vulve – le vibromasseur constitue de loin la meilleure vente des *sex-shops*. Pour les femmes, placé et actionné sur le capuchon clitoridien, il est synonyme d'orgasme presque garanti et surtout sans peine. Lors du coït, selon la position, il peut aussi être un adjuvant parfait pour la stimuler et parvenir à un orgasme quasi simultané des deux partenaires. Enfin, moins connu, son usage sur le gland et le frein du pénis peut générer chez l'homme des sensations très pointues, qui lui apprendront notamment à dissocier orgasme et éjaculation.

• Les menottes :

C'est l'un des scénarios préférés des amants un rien « coquins ». Menotter ou être menotté est un moyen sans risques (employé avec discernement) d'éprouver l'excitation extrême du dominant ou du dominé. L'emprise est totale et, mieux encore, elle est légitime, tant les menottes sont un symbole évident d'autorité (le modèle le plus vendu comme *sex toy* est inspiré de celui qu'utilise la police nationale). Elles permettent d'être tour à tour « maître » ou « esclave » et sont en ce sens un gadget de juste réciprocité. Attention toutefois à respecter quelques mesures élémentaires de prudence :

1- Évitez d'attacher les mains dans le dos.

2- Ne serrez pas trop le bracelet autour des poignets ou des chevilles.

3- Avant de les fermer, vérifiez bien que vous avez les clés à portée de main et qu'elles fonctionnent.

4- Ne vous amusez jamais à jeter ou à cacher lesdites clés, même pour rire.

5- Ne laissez jamais la personne entravée seule dans la pièce, pour éviter tout mouvement de panique.

6- Ne profitez pas de votre position dominante pour faire subir à votre partenaire une pratique qu'il ou elle réprouve et vous refuse d'ordinaire ; le jeu n'autorise pas tout.

b) ❋ Exercices quotidiens pour elle et lui ♥♥

Cela peut surprendre mais c'est un fait : ce sont généralement les individus qui maîtrisent le mieux leur sexualité en solitaire qui font aussi les meilleurs amants, une fois à deux dans un lit. En d'autres termes, une sexualité réussie ne se construit pas uniquement durant les 35 à 40 minutes que dure en moyenne un rapport (tout compris), mais aussi avant.

Vous pouvez donc accroître de manière très notable votre plaisir, et celui de votre partenaire, en effectuant de petits exercices pratiques, chacun de votre côté et aussi souvent que vous en avez envie (au minimum 2 à 3 fois par semaine).

• Pour elle, les exercices de Kegel :

Baptisés du nom du gynécologue américain qui les a popularisés, ces exercices ont pour but de faire travailler les muscles pubococcygiens qui ceinturent le vagin, et de fait pressent sur lui. Pour localiser ces muscles, allez aux toilettes et exercez-vous à arrêter net le jet d'urine. Les muscles qui se contractent alors sont ceux que vous cherchez. Allongée sur un lit, essayez de les contracter à nouveau. Introduisez un doigt dans votre vagin. Si vous sentez une contraction tout autour de votre doigt, c'est que vous avez visé juste.

L'exercice consiste maintenant à contracter ce muscle pendant 3 ou 4 secondes sans le relâcher. Répétez cela une dizaine de fois. Dans un premier temps en laissant un intervalle de plusieurs secondes, puis en accélérant le rythme de telle sorte que votre vagin vous donne l'impression de palpiter. Ce sont ces mêmes exercices de tonicité du vagin qui sont prescrits aux femmes qui viennent d'accoucher.

Ils ont pour effet de rendre le vagin plus étroit, mais aussi de pouvoir le presser à volonté autour du sexe de votre partenaire pendant le coït. Un véritable bonus, et pour lui, et pour vous !

• Pour lui, la masturbation contrôlée :

Voilà un exercice plutôt plaisant, pensez-vous. Agréable, oui, mais pas si facile. L'objectif est de vous apprendre à maîtriser votre excitation et à retarder naturellement le moment de l'éjaculation.

Masturbez-vous une première fois en effectuant un décompte à partir de 500. Le moment où vous éjaculerez (par exemple 460), vous donnera un référent. Essayez maintenant de vous masturber à nouveau en tachant de parvenir sous cette barre. Pour ce faire, essayez de vous concentrer sur autre chose, de ralentir le rythme du va-et-vient, de ne pas trop masser l'extrémité du gland etc. Surtout, effectuez le décompte vous-même, dans votre tête, et non pas avec un chronomètre. Le fait de vous concentrer sur les chiffres va vous aider à retarder l'inéluctable. Effectuez cette exercice environ une fois par jour en notant vos résultats. Lors des prochains coïts, effectuez dans votre tête (surtout pas à haute voix !) ce même décompte.

Quant à la masturbation, des études récentes ont montré que les hommes qui se masturbent quotidiennement ont en moyenne deux fois moins de risques d'avoir un cancer des testicules !

c) Les petites pilules du bonheur ♥♥

Qui n'a pas déjà entendu parlé du Viagra ? Médicament délivré sur ordonnance le plus vendu au monde, c'est la star des remèdes contre les pannes sexuelles (en l'occurrence les troubles de l'érection). Malgré son prix élevé (entre 10 et 15 € la pilule) et les quelques dizaines de décès consécutifs à son absorption (chez des sujets cardiaques uniquement), il continue à séduire par son efficacité et a fait depuis des émules (Cialis, Levitra, etc.).

La véritable difficulté avec le Viagra, c'est d'admettre qu'on en a besoin.

En principe votre médecin traitant est là pour ça : évaluer avec vous l'état de nécessité avérée dans lequel vous vous trouvez. Si votre érection vous « échappe » de manière régulière pendant les rapports, ou si tout simplement elle ne vient pas, il faut consulter sans hésiter. La décision appartiendra alors au médecin (le Viagra n'est pas une molécule anodine), en fonction de votre ressenti. Retenez simplement que chez les hommes de moins de 50 ans, les « pannes » sont le plus souvent ponctuelles. Ou, lorsqu'elles persistent, elles peuvent être réglées par un petit travail psychologique léger. Au-delà, les motifs sont plus « mécaniques », et réclament le soutien de la pharmacopée. D'ailleurs, le client du Viagra a en moyenne 56 ans.

Côté femme, il n'existe pas pour l'heure de pilule du plaisir sexuel mise sur le marché, même si tous les grands laboratoires y travaillent.

Les essais de certains produits pour l'érection sur des sujets féminins (notamment l'Uprima) auraient eu des effets spectaculaires sur la sensibilité du clitoris et le plaisir ressenti. D'autres molécules agissant directement sur les symptômes du désir féminin (en particulier la lubrification du vagin) sont également à l'étude.

Semaine 3

a) ✻ Des orgasmes qui durent, qui durent, qui durent... ♥♥

Pour certains couples installés, qui se connaissent et s'entendent bien sexuellement, le problème n'est pas d'atteindre l'orgasme, mais d'aller au-delà. Eh oui, même le plaisir à son sommet peut devenir routinier. Sans même parler d'orgasme simultané (ce petit miracle impossible à programmer), il est possible de prolonger le plaisir pour l'un ou l'autre.

• Pour lui :

Par définition, un homme ne peut éjaculer plusieurs fois de suite. En pratique, il est donc impossible de provoquer chez lui des orgasmes à répétition, éjaculation et orgasme étant trop étroitement liés chez la plupart des sujets. Pourtant, il existe une technique qui consiste à bloquer l'éjaculation juste avant qu'elle ne se produise, de telle sorte que le cerveau perçoit malgré tout la sensation de plaisir qui est associée (l'orgasme). Juste avant de jouir, pressez ainsi (ou faites-le faire par votre partenaire) de manière ferme sur votre périnée (entre le scrotum et l'anus). L'éjaculation doit être interrompue, le plaisir ressenti, et l'érection maintenue jusqu'à l'orgasme suivant. Pas évident à maîtriser mais soi-disant très efficace chez ceux qui y parviennent. Les champions parviennent au même résultat en contractant fortement leur muscle coccygien (équivalent des exercices de Kegel conseillés aux femmes).

• Pour elle:

Chez la femme, les choses sont beaucoup plus simples, puisque l'orgasme n'est pas lié à un processus mécanique (érection puis expulsion de sperme, pour l'homme). En outre, la libération d'hormones induisant le sommeil ne se fait qu'une demi-heure après l'orgasme, alors qu'elle se fait immédiatement après l'éjaculation chez l'homme. De fait, en principe, toute femme doit pouvoir enchaîner les orgasmes comme on avale des bonbons. En pratique, environ un tiers des femmes seulement y parviennent.

La méthode à appliquer tombe sous le sens: lors du premier orgasme, il faut poursuivre sans jamais s'arrêter la stimulation qui y a conduit (caresse, cunnilingus). Si l'orgasme est survenu lors d'une pénétration, il faut caresser doucement le clitoris au moment même où il se produit. De ce point de vue, et contrairement au plaisir masculin qui s'apparente plus au sprint, l'orgasme féminin est une course de fond, plus lente à lancer mais dont l'élan peut aussi durer plus longtemps. Si le clitoris est devenu trop sensible, ou si elle est déjà retombée en phase de relâchement, la réaction de rejet manifestée par la femme sera immédiate. Dans le cas contraire et si la stimulation persiste, elle peut éprouver plusieurs orgasmes successifs (jusqu'à 2, 3 ou 4, très rarement plus).

b) ❄ On sera combien ce soir, chéri ? ♥♥

Plus qu'un fantasme, un mythe. Sans parler de déferlante, on peut quand même parler de véritable phénomène de mode. Quoi donc ? Mais l'échangisme, bien sûr. Selon les statistiques les plus fiables, environ 1 % des couples ont testé la chose au moins une fois. Une tentation d'autant plus grande que la routine s'installe dans le lit conjugal. Alors faut-il sauter le pas ? Et que cela apportera-t-il à votre couple ?

Objectivement, pas grand-chose. Car rares sont les couples qui ont réussi à établir une relation affective dont toute notion de possession (et donc de jalousie) a sincèrement été bannie par chacun des partenaires. Dans plus de 90 % des couples, ce n'est pas le cas. Et ce faisant, la vision de son partenaire habituel en train de batifoler avec un ou une autre risque d'être une véritable bombe à retardement.

Ce qui excite les couples qui rêvent de sexualité à plusieurs, c'est un fantasme de voyeur ou d'exhibitionniste.

Bien sûr il est excitant de voir des inconnus faire l'amour, ou de le faire sous leurs yeux. Mais, dans la plupart des cas, cela est beaucoup moins drôle quand votre conjoint fait partie du spectacle.

Ce n'est en rien un jugement moral, mais c'est un fait. Ne vivez pas ce genre d'expérience si vous le faites comme un moyen de relancer votre sexualité, comme une opération de la dernière chance. Cela risque plutôt d'en être le glas. Si vous vous entendez bien mais que vous tenez vraiment à apporter cette petite dose de piment à votre sexualité, discutez-en vraiment avant. Ne forcez pas la main ou ne vous laissez pas entraîner contre votre gré. Chez certains hommes, c'est une façon de vivre leur rêve d'infidélité sans ressentir la culpabilité qui va avec, puisque c'est avec la « bénédiction » de leur femme.

Si vous vous jetez à l'eau (que ce soit lors d'une soirée privée ou dans un club), il sera encore plus dur d'en parler après qu'avant. Convenez de consigner vos impressions sur une feuille blanche, dès après cette expérience, que vous remettrez ensuite à votre partenaire. Vous y direz sincèrement:

1- Quel plaisir vous y avez pris, avec quel partenaire et dans quelle pratique.

2- Ce que vous avez ressenti en sentant le regard de votre partenaire sur vous.

3- Ce que vous avez ressenti à le ou la voir en action.

Si ces 3 critères ne sont pas pleinement positifs chez l'un et l'autre, surtout ne continuez pas. Même si l'un d'entre vous insiste.

c) Jouer n'est pas tromper ♥♥

Lorsqu'on est tenaillé par le besoin de variété dans sa sexualité, sans pour autant céder à la tentation de voir ailleurs, il existe quelques petits jeux très simples pour amener fantaisie… et anonymat.

> **Si faire sempiternellement l'amour avec la même personne vous lasse, transformer votre partenaire en un ou une autre est très simple !**

Le bandit corse : il s'agit pour l'homme de faire l'amour habillé, le sexe juste sorti de la braguette, tout en portant sur le visage une cagoule ou un passe-montagne qui marque son « anonymat ». Pour que l'effet du scénario soit parfait, il doit surprendre sa « proie » et la prendre sans jamais quitter ses vêtements. Pour les femmes, l'équivalent revient à se couvrir d'une perruque et à se maquiller de manière inhabituelle.

Le *glory hole*: inventé à Los Angeles dans les clubs gays, ce jeu consiste à passer le pénis de l'homme au travers d'un trou assez large pratiqué dans un mur ou un simple paravent. De l'autre côté, la femme pourra prendre le membre en érection, anonyme, de la manière qui lui plaira.

Le fantôme: une variante consiste à placer entre les amants un grand drap blanc peu épais, juste percé d'un trou pour laisser passer la verge de l'homme. Selon la position, l'homme ou la femme sera recouvert(e) du drap blanc, comme un fantôme pour le moins excitant!

MON SUIVI

Quel chemin parcouru ! Si vous avez suivi scrupuleusement votre programme, des choses ont certainement bougé – pour le mieux ! – dans votre sexualité. Mais quel que soit le point où vous êtes aujourd'hui rendus, vous devez avoir conscience que rien (hélas) n'est irréversible… Les facteurs qui avaient conduit votre couple à un état de lassitude sexuelle peuvent revenir demain. Ou d'autres encore. Pas facile par exemple de gérer le sexe à la suite d'une grossesse, quand l'un des deux a une maladie grave ou que les enfants partent de la maison…

LA PORNOGRAPHIE

Ces exemples conduisent à évoquer un facteur qui s'immisce de plus en plus dans la sexualité des couples, le plus souvent à l'insu de l'un des deux partenaires : la pornographie. Aujourd'hui omniprésente, et surtout en accès libre *via* un nombre toujours plus important de canaux (Internet, distributeurs de DVD, journaux dans les kiosques etc.), la pornographie n'épargne (presque) personne. La première exposition à un contenu pornographique se fait en moyenne à 11 ans. À 18 ans, plus un seul adolescent n'a échappé à la vision de ces images. Des images qui seront, à l'âge adulte, achetées et consommées à 90 % par des hommes. Produite par des mâles pour des mâles, la pornographie n'est pas répréhensible en soi. Le problème réside dans les conditions de sa production, dont découle une qualité médiocre qui propage une représentation totalement outrancière et irréaliste de la sexualité. Évidemment, cette surenchère excite les clients dont certains, une petite minorité affaiblie psychologiquement ou socialement, deviennent dépendants, et sont en demande d'images toujours plus crues, à la limite de la légalité. L'immense majorité s'arrête avant mais conserve en tête des clichés qui font long feu : « les femmes jouissent facilement », « elles aiment la sexualité avec plusieurs hommes », « la sodomie c'est normal… ». D'autant plus dur, dans ce contexte, de ne pas perdre pied avec la réalité de sa propre sexualité, ou de ne pas chercher à conformer cette dernière aux standards des films X.

Pourtant, bien utilisée, la pornographie peut être un carburant pour le couple. À trois conditions près : choisir ce qui plaît au plus réservé des deux, voir le film ensemble, en parler après. Si elle incite à la communication, la pornographie peut être un catalyseur comme un autre. Si elle sépare, elle demeure un danger.

SEXOLOGUE OU PSYCHOLOGUE ?

Pour finir, si vos problèmes de relations sexuelles en sont restés au même point, que les exercices proposés n'ont pas eu les effets escomptés, il va falloir sans doute accepter de consulter un spécialiste. Un sexologue si vous ne savez pas identifier l'origine de votre mésentente (psychologique, physiologique, relationnelle), ou un psychologue si le blocage de l'un ou de l'autre vous semble résider avant tout « dans la tête ».

Pour choisir le praticien adapté, rendez-vous sur le site de l'Institut de sexologie : **www.sexologie-fr.com**. Si le premier rendez-vous vous met mal à l'aise, n'hésitez pas à changer de spécialiste. En aucun cas ne consultez un soi-disant « sexo-thérapeute » ou « spécialiste du couple » qui ne soit pas aussi un médecin.

Suivi du programme 1

Si tout s'est bien passé, passez aux exercices des semaines 1 et 2 du Programme n° 2, en particulier ceux portant sur le cunnilingus et la fellation. Si vous ressentez encore des blocages, effectuez de nouveau les exercices marqués du symbole ♥♥

Suivi du programme 2

Tous les 2 à 3 mois, faites un bilan en renouvelant la « relation laboratoire » que vous aviez effectuée en semaine 1 de votre programme. De fois en fois, notez les évolutions et les points qui demeurent selon vous « en chantier ».

Suivi du programme 3

Astreignez-vous à une petite période d'abstinence (d'environ une semaine à dix jours), cette fois-ci désirée. Fixez-vous un rendez-vous érotique pour faire monter le désir. Assortissez cette relation d'un lubrifiant et testez-y les deux positions les plus agréables pour chacun d'entre vous.

Suivi du programme 4

Si vous n'avez pas eu le temps ou l'envie de le faire pendant votre « week-end érotique », commencez à tenir le journal de vos nouvelles expériences amoureuses. Chacun votre tour, racontez par écrit la façon dont vous avez vécu ces nouveautés qui égayent désormais votre relation, et faites lire ensuite votre texte à votre partenaire.

Maquette : Maogani

Imprimé en France par Imprimerie Hérissey
N° imprimeur : 102229 - Edition 01
Dépôt légal : 74072 - juillet 2006
ISBN : 2501-046-70-6
40 9613 7

VIVRE EN FORME